让优秀成为一种习惯

李溪亭 ◎ 著

中国商业出版社

图书在版编目（CIP）数据

让优秀成为一种习惯/李溪亭著.--北京：中国商业出版社，2020.9
　　ISBN 978-7-5208-0920-7

　　Ⅰ.①让… Ⅱ.①李… Ⅲ.①成功心理-通俗读物 Ⅳ.① B848.4-49

中国版本图书馆 CIP 数据核字 (2019) 第 227288 号

责任编辑：张新壮　张盈

中国商业出版社出版发行
010-63180647　www.c-cbook.com
（100053　北京广安门内报国寺 1 号）
新华书店经销
北京富泰印刷有限责任公司印刷
*
880 毫米 ×1230 毫米　32 开　8.25 印张　150 千字
2020 年 9 月第 1 版　2020 年 9 月第 1 次印刷
定价：45.00 元

****

（如有印装质量问题可更换）

前言
PREFACE

同学聚会上,与大家的差距越来越大,你开始将自己掩藏起来,缄默不语;

繁忙职场中,常常加班到深夜,第二天你却因业绩不理想换来领导的严厉批评;

下班回家后,一躺一晚上,你只需要一部手机、一张床就能消磨掉全部的好时光;

健身减肥时,看到了许多蝴蝶肩、马甲线,可你三天打鱼两天晒网,肚子仍旧有一层游泳圈;

……

身边的人都比你优秀,比你成功,而你却显得那么微不足道。

有时候你是否也会羡慕别人的成功,觉得自己的人生就如白开水般平淡无奇？

不甘平庸的你，从来不缺少改变的决心和勇气，但结果总令人唏嘘。

为什么会这样？想让自己优秀，有这么难吗？

其实不难！多问问自己：

你是间歇性立志，还是极度自律地执行进阶计划？

你是高效做事，还是低质量勤奋？

面对困难，你是否动不动就说"做不到"？

有没有反思过，自己是真努力还是假发奋？

……

通往优秀的道路上，抱怨没有用！羡慕没有用！忌妒同样没有用！什么才有用？就是看你够不够狠！不是对别人狠，而是对自己狠，你肯不肯下狠心逼自己一把。你的"狠心"有多大，决定了你在通往成功的道路上能走多远。

没有谁的优秀是与生俱来的，我们看到别人光鲜亮丽的背后，往往都有苦不堪言的日子与狼狈奔跑的影子。读完本书你会发现，其实所有的一切都不难，你只需即刻开始行动！跨越自身障碍，将"懒癌"甩在身后，告别曾经平庸的自己，开始自我蜕变！

目 录
CONTENTS

PART 1　你连自律都做不到，凭什么掌控人生

痛恨自己的平庸吗？羡慕别人的成功吗？掌控人生，从自律开始！

你所痛恨的平庸，往往是因为不自律 — 2

让你与同学越岔越远的，是你的敷衍和将就 — 6

没有一点自傲的东西，你凭什么跟别人争 — 11

为什么越自律的人越优秀？优秀说到底是一种习惯 — 16

颠覆平庸，你只需做到这几点 — 21

如何让自己优秀？创建让你优秀起来的行为习惯 — 26

PART 2　立刻停止无效的努力、低质量的勤奋

无数个忙碌的夜晚，换来的却是责备，你是不是感到既委屈又挫败？请停止无效的努力、低质量的勤奋！

你每天都这么忙，为什么还过得这么惨 — 32

为什么你越忙事情越找你 — 36

每天早起 5 分钟，你的人生会有另一种可能 — 41

延长工作时间，可能是提升效率最差的选择 — 46

每天做一次复盘，你的人生会不断进阶 — 50

别让低质量勤奋毁了你，有效提升效率的 N 个方法 — 55

PART 3　你所谓的做不到，只是别人的小菜一碟

一边艳羡他人的生活，一边自叹不如，知道你为什么是个失败者吗？因为，你的人生字典里充满了"不"！

你熬夜赶工作的时候，同事已制订好了明天的计划 — 62

所谓的废材，就是你这种什么都拖到明天的人 — 67

你不去主动找工作，工作都懒得搭理你 — 71

本该活得热气腾腾的你，为什么还不如退休的老人 — 75

懵懂迷茫的你，未来几年面对的可能是掉到下一个阶层 — 79

你所谓的稳定、富足，不过是因为见识太浅、人又太懒 — 83

CONTENTS

PART 4 不跳出井底,你的世界永远只有井口那么大

坐井观天,永远见不到真正的天。你是否局限了自己,还把一切视作平常?

决定你成就大小的,不仅仅是努力 — 90

让你一直平庸下去的,是你的思维 — 94

之所以一事无成,是因为你缺乏这种思维 — 98

为什么你好心帮忙,别人却不买账 — 103

你换了那么多工作,为什么还没成功 — 108

PART 5 努力的人,才配得到优秀和美好的明天

你总是不想付出,却渴望最好的收获。你是不是太天真了?这世界根本不存在免费的午餐。

你不过想混口饭吃,但现实偏偏不让你如意 — 114

你所谓的钱多事少离家近,在别人看来就是一个笑话 — 119

最怕你平庸至极,还安慰自己大多数人都这样 — 124

不努力走上山顶,你永远不知道什么是好风光 — 128

或许会伤痕累累,也要逼着自己出类拔萃 — 133

今天受的苦,必将照亮你未来的每一步 — 138

PART 6　有多大的胸怀，才能成就多大的事业

别总怪同事与你相处不和谐，总说是别人的心机伤害了单纯的你。为什么你不能试着改变自己？跟人愉快相处也是一种能力。

与你不喜欢的人和谐相处，是一种能力 —— 144

学会爱你的敌人，你才能看清自己 —— 149

原谅那些曾经伤害过你的人吧 —— 154

不要吝惜你的赞美，欣赏别人是一种能力 —— 159

即使你不赞成，也不要轻易打断别人说话 —— 163

承认自己不行，接纳自己的不完美，这不是懦弱 —— 168

PART 7　用语言魅力提升个人影响力，你就会胜人一筹

讽刺不叫心直口快，"毒舌"不是直言不讳！为什么不能嘴巴甜一点儿？好好说话是一种修养。

同学聚会、同事聚餐，为什么光彩夺目的那个不是你 —— 174

别以为说客套话容易，你连虚伪的资格都不够 —— 179

多从对方的角度出发，别人才更愿意听你说 —— 184

你鄙视别人溜须拍马，其实你连赞美人都不会 —— 189

就算为了别人好，也要把话说得动听些 —— 193

为什么你说不到点儿上？先把逻辑搞清楚 —— 198

PART 8　高效做事，你也能成为优秀的那一个

做到高效，你能掌控自己的工作，有条不紊地处理各种问题，高质量地达成目标，成为优秀的那一个。

你连工作清单都没有，每天都在瞎忙什么 __ 204

你还没到战略层面，你就是想得太多做得太少 __ 208

人的大脑不是计算机，别把自己当超人 __ 212

深度工作，远比做一些简单明了的工作更有成就感 __ 216

你根本没必要羡慕那些一天能做很多事的人 __ 220

工作也要断舍离，做最有价值的事 __ 224

PART 9　不断精进，让自己成为一个更优秀的人

优秀的人各有特长，但都有一个共同点，那就是不断精进。每天都在淘汰昨天的自己，每天都在打造更优秀的自己。

不断更新思维模式，你才会发现人生可以不重复 __ 230

学会规划人生，每一步都不会白走 __ 235

持续学习，成为一个高段位的学习者 __ 239

有效行动，让努力看得到结果 __ 243

摆脱同质化，走出属于自己的进阶之路 __ 247

打造个人品牌，在时代的风口上顺势而为 __ 251

PART 1

你连自律都做不到,
凭什么掌控人生

痛恨自己的平庸吗?羡慕别人的成功吗?掌控人生,从自律开始!

你所痛恨的平庸，往往是因为不自律

—— 壹

大四之时，许多同学准备考研，自习室里的书籍成堆，许多人将头埋进高高的书堆里，刻苦钻研。但同样也有例外，也有三天打鱼两天晒网的人。

我有一位同学便是如此。

他总是吐槽生活太平淡，拒绝做一个碌碌无为的人，发誓要通过考研突破自己。可在别人早出晚归的奋斗日子里，他却忽然闲下来，渐渐地很少去自习室复习。

我问他："你不是要考研吗？怎么都不去复习？"

他望着天，眼眸里有些忧郁，说："唉，天天读书也不行啊，得劳逸结合才行。睡好了才能好好看书，玩够了才能认真做题。"

"但是离考研的日子越来越近了！我看照子都复习完三遍高

数了！你看完了吗？"

"没有。不急。来得及。"他打开手机游戏慢悠悠地说。

最后他自然没能考上——连高数书都没有看完两章，怎么能考得上？可就在考研成绩出来之后，他又开始感叹："唉！他们都好厉害。"

贰

痛恨平庸的人是你自己，然而你又给自己找了无数的理由拒绝自律。说到底，是你自己放弃了飞翔的机会，甘于平庸！可你又在内心瞧不起平庸的人，殊不知自己也是其中一员。

叔本华说，平庸的人关心怎样耗费时间，有才能的人竭力利用时间。自律本就是一种对时间的规划与对自己的控制，做不到这些又怎么好意思说自己不甘平庸？

平庸的人才会为自己的失败找理由，可无数的理由又有什么用？就好像减肥总是不成功的人，总是在说："不吃饱，怎么减肥？"

为自己的不自律找种种理由，你能说服自己相信吗？

叁

我高中有一个同学，读书之时便觉得她特别刻苦努力，将自己的生活安排得井井有条。每一日需要做完的习题，背完的单词，她从来不会逾期，是一个极度自律的人。

前阵子，才加上微信聊了一聊。时隔六年，大家早已有了不同的路与选择。可当问及她如今的生活之时，才发现她依旧是曾经的她——那个自律刻苦的女孩。每晚都有她的打卡学习，而她也通过自律拿到了美国行医资格证。不仅如此，她还兼职做着体脂师。

有一次，我因为赶稿睡得很晚，睡前刷朋友圈才发现她的打卡记录写着："今天有点晚，事情比较多，但还是要坚持打卡！"那时她还在国内，时间是凌晨一点半。

自律的人生活都是放光彩的，每一日都有着不同的收获。

我曾经有一个写作的朋友，她的文章产出率之高总是让我感叹。我知道她是全职写作，每日的时间都是自己的。我曾问她："你是如何做到将自己每一日都安排得井井有条？"

她截了一张自己计划表的图发给我，说："喏，先制订一个合理的计划，然后按照计划去执行，没有完成的打叉，完成的打钩，并且必须要在十二点之前睡觉。"

曾几何时，我也制作过计划表，然而事实并不美好。但在她的计划表中，可以看得到合理性，以及她的完成程度。

她还说，"其实全职让我很慌，但是我不想过平淡的一生，如果人生没有一点炫彩，到老了我会后悔……"

自律的女孩总是活得那般精彩。不甘于平凡，才能打破平庸。

―― 肆

其实说到底，平庸与自律之间只有一堵墙，选择了懒散，便也是选择了平庸，甘于平庸。

当你站在十字路口，怀揣着梦想的时候，问问自己，究竟想要什么样的生活。若你渴望梦想，那么就请逼迫自己自律，让自己从心态上开始自律。

我那位考研的同学便是没有一颗自律的心，只是嘴上不愿意平庸，可从心里却接受了不满意的自己。

若想远离平庸，便要有一颗自律的心，拒绝给自己的懒惰找任何理由。

―― 伍

人生的选择有那么多，你所做出的选择将伴你一生。别说你的懒散是为了你更好地前进，这种蹩脚的理由就是你平庸的原因。

不要再一边看不起平庸，将自己放在至高无上的地位，一边又在为自己寻找无数的堕落理由。

你应该认识到，你的平庸全部源于你的不自律，让你沦为平庸的正是你自己！若不甘于平庸，请逼迫自己成为自律之人，丢掉那些自欺欺人的借口。

让你与同学越岔越远的，

是你的敷衍和将就

___ 壹

小方与小彩是同学，但两个人对待事物的态度是完全不一样的。

机械这个专业，在部分同学眼里，是一个很杂并且进入社会后让人很难学以致用的专业。小方就相当不看好，甚至在毕业实践活动中，对老师说："我不喜欢机械，这个实习我不去。我要学计算机。"

面对老师的问询，小方坚持己见，"我不喜欢，只想顺利毕业，然后学我喜欢的计算机。"

与之相反的是小彩，同样喜欢计算机的机械专业学生，却没有如此。

小彩对小方的态度不认同，说："既然选择了这个专业，就要尽力学好，才对得起自己。"

小方连毕业设计都不好好做，并且总是以自己以后不靠此吃饭为由拒绝学习机械，并将它贬得一文不值。可小彩的学习成绩却是班上前几名，同时还努力地自学计算机编程。刚刚毕业，小彩去软件公司做了实习程序员。经过不懈努力，如今小彩已经是一名资深程序员，月入过万。而小方呢？当年扬言学计算机，也没有学下去，落得个如今什么都不会，每天混日子。

差距从来都不是智商的问题，而在于态度。

贰

总有人抱怨或者是嫉妒自己的同学比自己强太多，还会吃不到葡萄说葡萄酸，似乎自己过得不好，全是别人的过错。其实，这完全都是你自己的错，是你自己的敷衍与将就断送了自己的前程。

认真的人，不论是对于喜欢的或是不喜欢的，只要是必须要的，一定认真对待，并且为之付出努力。而敷衍的人，总是找各种理由搪塞。就如小方，以不喜欢为由，以将来不从事机械方面的工作为由，拒绝实习，连毕业设计也不好好做。

对自己的人生持这种态度的人，人生怎么可能会如意？人生不如意，又该责怪谁？

叁

大学时有一个同学,他的自律到了让人钦佩的地步。虽然他也是喜欢玩游戏中的一员,但是相比沉沦的人,他进退自如。他每周只有周五晚上允许自己玩游戏,其他时间他对游戏碰都不碰。

他的专业课一直是向着满分努力。每天清晨大家还在懒床的时候,他已经背着书包去了自习室。面对每日的功课,他都有一个非常完善的计划,并且每日都会完成,不做任何无用功。

一次偶然的机会,我遇见他在教室弹吉他。正好是国庆节的晚上,月光洒下来落在他的身上,一曲《天空之城》格外好听。那一刻我才知道:优秀的人,只要认真,没有什么做不成的。

当然并不是说,优秀的人都是学习好的人,同样也有选择了其他方向,却活出彩的人。

班上的另外一名同学,觉得自己不适合读书,便选择了休学去创业。

他在夏天做烧烤夜宵,冬天做火锅,几乎没有一刻是闲的,永远是在忙碌的状态。可他从来不觉得累,一天比一天努力。

大概在他休学一年之后,给我打了电话。我问他:"过得怎么样?很辛苦吧?"

他笑着说:"我是忙中偷闲给你打电话。虽然辛苦,但是很开心,很满足。为自己想要的生活奋斗,值得!"

如今，他已经是一位小老板。

可见，一个人的人生精彩与否，跟是否拥有高学历并不绝对相关，决定人生精彩与否，始终跟个人是否努力相关。

____ 肆

将你跟他人之间距离岔开的，不是学历，不是智商，而是你的敷衍与将就与得过且过的人生态度。

不知有多少人，一边羡慕着别人的自在生活，一边将自己的日子过得一塌糊涂。

"明天吧，明天再说。"

"下一次吧，下一次我一定大干一场。"

"算了，还是明年再说吧。"

请将类似这样的想法从脑海中剔除！

从今天开始，从这一秒开始，让自己找到方向，明确目标。

明确目标后，按照自己的计划立刻行动。

一定要学会不将就，不放弃！

____ 伍

与其羡慕嫉妒你的同学的生活，不如开创自己的人生。或许你是渴望进步的，或许你总是在计划，可是只有将一切落地实施才会有未来。

将就与敷衍只会越来越加大跟别人的差距。就好似温水煮青蛙一样，敷衍与将就的生活态度，只会导致你忘记目标，最终找不到方向。

停止抱怨和自怜，拒绝将就与敷衍，振作起来，不让自己掉队。

没有一点自傲的东西，你凭什么跟别人争

壹

如果没有一点可以骄傲的事，又有什么资本与人相比较？

升职加薪是每一个职场人士都渴望的，但需要真才实学。可有些人似乎并不明白这一点。

小龙渴望升职加薪已久，奈何一直不如愿。她气呼呼地在我跟前抱怨："你说那个新来的小雨是不是走了什么后门？公司怎么就提携了她？我努力做了这么久，没有功劳也有苦劳，居然升职没有我的份？"

她口中的小雨是部门新来的一个女生，能力很强，刚来便打破了小龙所谓努力的成绩。同时小雨待人接物也让人很舒服，大家都喜欢她。也许这就是她被提升的原因。

但小龙对此十分不屑，一口咬定是小雨走了后门。

我便问小龙："那你觉得她哪一点不如你？"

"资质啊！我干了多少年了？她才来多久？"小龙气哼哼地说。

____ 贰

当出现问题时便把罪过推到他人身上的行为，本身就是不可取的。而唯一可以解释你如此做的动机便是，因为你是个失败者。

若你有能力、有实力，又怎么会将自己失败的原因归结为他人走后门？或是抱怨公司待你不公，领导没有眼光？

曾经有一个朋友，他的能力很低，但是却最爱展现自己所谓的才华，甚至每次都反驳他人的意见，只为了彰显自己所谓的能力。

这种做法不仅让他失去了朋友，同时也被上司看不起。

当你想要与人争夺某一职位或是项目时，请问问自己，是否有超过对方的实力。

这世间并不是你入门早便拥有一切优先权的，若是没有实力，不论你从事某行业多久仍旧是个菜鸟。没有实力就没有与人竞争的资格。至于落了下风就反过来诋毁对手，这种做法更显得自己低能！

____ 叁

有位朋友，近日向我说起他在公司遇见的烦心事。

让优秀成为一种习惯

他几个月前跳槽到一个新公司，由于履历很漂亮，并且他也确实很有能力，被委以重任。公司将一个新项目交予他，一方面考验他的能力，另一方面因为项目本身也确实有些难度，公司希望有一个能人拿下。

众所周知，在职场上，项目的重大程度也相应体现了项目负责人在公司的地位。

由于项目进展相当不错，领导破格将朋友提升为小组长。这本来是一件好事，可最近朋友却越发为难。

公司里的一位同事（朋友进入公司之初便在这位同事带领下熟悉产品）总是以"前辈"自居，仗着自己来公司的工龄长，觉得公司任何时候选择项目负责人都应该先考虑他。

所以，当领导将项目交给我的朋友时，"前辈"十分不服气。在工作中他不断地给朋友"穿小鞋"，还在公司中诋毁朋友，甚至将一些工作的失误全推到朋友身上。

朋友跟我说起这些，不由得发出一声叹息："只不过，这些都是小事，我也是兵来将挡，水来土掩，并没有难倒我。只不过，后来升了组长，这情况便也越来越麻烦了。"

我问道："怎么？他又造谣生事了？"

"那倒不是。他向领导提出要和我一起公平竞争，争夺另外一个大项目的主设计师的位置。他和领导说我新来却接连遇好事，对他不公平。"

听到这里，我知道这场竞争的结果不用想，一定是我朋友赢了。只不过，把职场变成了战场，朋友觉得很惋惜。

"我一直觉得你能力很强，好学又勤于钻研。你要不能赢，我也不会信啊！"

朋友笑着看向我，说："如果我没有一点自傲的本事，也不敢随便接大项目，毕竟做不出来也是要出事的。读书的时候，我便比别人读得多，很多原理我也一定要刨根问底。毕业之后又去了一线城市的大公司里从基层做起，积累了丰富的工作经验。一个大型项目成功与否，理论与经验起关键作用，而我正好在一年前接触过一个类似的项目。这样，灵感一下便有了。"

肆

不论谁遇见机会都会想争夺到自己手中，这是毫无疑问的。但是，我们必须要有相应的能力才行，不论是一种技能、一份宝贵的经验，还是饱读诗书也好。

所以当你渴望得到一份机遇时，请先做好争取的准备。先学习、锻炼，使得自己有了自傲的才能，再去与他人同台竞争。否则，输都输得不光彩，因为你只是个满嘴跑火车的人，而非有本事的人。

平日里，少参与诋毁他人的事，将这些八卦闲聊的时光用来学习、总结经验提升自我。

提升自我才是正确的与他人较量的方式，而非埋怨以及其他见不得人的手段。

伍

世间人才济济，从不缺少能人干将。同时，职场高人众多，机会也从不会倾向于无能的人。

一场比斗的失败，要学会反省。反省总结自己与他人的差距，然后在这上面下功夫，以提高自己。只有你将准备做到充分，在下一次的争夺上才能取得成功。

只有失败者才会在输了之后叫嚣，才会毫无本事却心比天高。

若是没有一点傲人的资本，你凭什么与人一决高下？机会又凭什么落在你的身上？

这世间没有任何巧合，哪怕是运气，都是因为有傲人的资本，才得以拥有。

为什么越自律的人越优秀?

优秀说到底是一种习惯

壹

读大学时,宿舍六个人。女生在一起讨论的话题最多的便是减肥,我们宿舍也不例外。

我的邻床花了很多心思安排了一个很紧凑的减肥日程,其中包括早起跑步,晚上节食——精细到将食谱都列出来贴在墙上,可以说是一个十分详尽的减肥计划。

第一天,闹钟在五点四十分便开始响,却没有人理会。一直到六点灯亮了,我拍了拍她说:"你不是要去跑步吗?还不起来?"

她将被子盖过头顶,嘟嘟囔囔地说:"太困了……明天再说吧。"

当然第二天依旧只闻闹钟响,不见她起床。

至于她的节食食谱就更别说了。她总用"不吃饱怎么减肥"宽慰自己。一学期过后,她胖了十斤……

贰

我们总是感叹别人的人生璀璨辉煌,过得绘声绘色,可自己的却始终不见起色。但谁都知道,世上没有免费的午餐,也没有天上掉馅饼的好事。

说到底,还是因为自己全然不自律。如果一个人连自己都无法掌控,又如何掌控人生的轨迹?

一个人之所以能够成为优秀的人,首先就是做到了自律。管得住自己,按照原本的计划井井有条地完成,才能取得成功。此时,自律也就成了一种习惯,一种如影随形的习惯。

不要再为自己的不成功找寻借口了,是你自己的懒惰,是你的不自律让自己一步一步走向不可挽回的方向。而这个方向,早已偏离了成功的正轨。

若你继续如此下去,又怎好意思说自己是个有目标的人?还谈什么理想?快别说这些奋斗的话语了,让自己看起来像个笑话。

叁

读大学时,班上有一个学霸。

学霸的时间每天都很规律,早上六点起床,晚上十一点回宿舍。每周固定去球场打三次篮球，不定期抽时间打乒乓球。每天早上晨读，晚上夜跑。计划执行得几乎可以说是雷打不动。

对于他的这份坚持，我一直很震惊。起早床的人都知道，每次起床之时都是在痛苦中挣扎。而坚持日复一日年复一年，真的很难。于是我向他请教："学霸，你每天起那么早不困吗？"

他回答我问题时，笔还在纸上游走，计算着一道理论力学的题目，"不困啊，早就习惯了。"

"真的佩服你，每天都能如此规律，有种戒掉一切欲望的感觉。对，就好像现在流行的说法，禁欲系男神！"

他看了我一眼，笑了笑，说："相比说我是在努力坚持，不如说，我早已把这个生活当成了习惯，就好像一日吃三餐一样，必不可少，也不会忘记。"

记得有一个室友每天早上六点半起床，晚上十一点熄灯入眠，这样的作息时间也是固定得让人怀疑。

就好比，她十点五十九还在看电视剧，笑得咯咯响；后一秒寝室的灯熄灭，她便能放下手机，进入睡眠状态。

早上也一样，六点寝室的灯一亮，她便坐了起来。

有一次，我忍不住问她："你睡觉的时间怎么能做到如此固定？居然不会被电视剧剧情吸引以致超时一秒？"

她一脸平静地看着我说："电视可以第二天再看，到了睡觉的时间就得睡觉啊。毕竟那是最好的睡眠时间段，错过了就是熬夜，熬夜对身体不好。但是电视剧却无所谓，又不会就此而跑路。更何况，到了那个点，便会觉得很困，手机也玩不起来了。"

这就是"习惯成自然"。习惯了一种作息，便不再觉得有什么难的。相反，若是将习惯的事硬生生地改正，才会感觉困难。

这位室友成绩也十分好，同时社交活动也参与了不少，也算是学院的一位名人。真的是自律的人，都将自己活成了大家向往的样子。

肆

众所周知，优秀的人都有着相当规律的生活，不会轻易被外物吸引，而导致自己的日程无法完成。其实拖延症、效率低下等都属于不自律的行为，只是表现形式不同罢了。

长年累月坚持自律，便成为一种习惯。

想要成为一个优秀的人，首先便要摒弃那些影响你、左右你的外物，明确自己的目标，并制订一个合适的计划，一丝不苟地执行并坚持，直到成为一种习惯。

只有习惯才是人无法随意抛弃的，你习惯了鲍鱼泡饭，若让你吃鲫鱼泡饭，你便会食不知味，难以下咽。习惯是最无法改变的，只有将自律变成习惯，才能成为一个优秀的人。

＿＿ 伍

　　自律是与优秀相伴的,没有自律便也不会有优秀。这便是为何越自律的人越优秀的原因。优秀的人会因为自律而越发优秀,而失败的人会因为懒散而越来越失败。

　　不要让自己习惯偷懒,要让自己习惯自律!

　　多看看优秀人的生活,把设想变成行动!让自己从此与优秀靠近一步,并最终也成为优秀的人!

颠覆平庸，
你只需做到这几点

壹

"平庸"可谓是我们茶余饭后常说的词，不论是形容生活还是梦想，"平庸"的使用频率都很高。

前阵子和一位同事讨论到平庸时，她只是摇摇头，说："其实平庸挺好的，循规蹈矩地生活，做着几乎一成不变的工作，过着平淡却安稳的日子。"

我有些诧异，问："从前你不是不甘于平庸吗？怎么如今忽然转了口？"

朋友苦涩地笑了笑，说："那是以前了，经过这么多起起伏伏，现在觉得还是平庸好啊。何必那么折腾？安安稳稳过这一生不好吗？我们都是普通人，谁也不可能掀起大风大浪。"

遥想曾经的她也是意气风发，扬言要追梦走天涯，如今却选择了安稳，甘于平淡，放弃了年少时的梦想和追求。

——— 贰

可是，试问如果你曾经追求过不平凡，看过非比寻常的风景，还能在一览无余的地方度过余生吗？

走过那些跌宕的人生，还能适应平淡无奇的生活吗？见过天下奇观的人，又怎么可能面对一潭死水过一辈子！

或是，到了年迈步履蹒跚的时候，回忆过往，忽然后悔这一生平淡无奇，又该如何？有多少人年迈之后开始感慨年轻时候的决定：如果当时果断一点，如果当时勇敢一点，如果再多努力一分，再多坚持一刻……

人生的选择权一直是在每个人自己的手中，成功人士并不都是年轻之时便扬名四海。他们年轻时也都经受岁月的洗礼，在追逐的道路上起起伏伏。

只要不甘平庸，就有机会拥抱成功。只是，若是你选择向命运妥协，向困难屈服，那便与成功绝缘。

——— 叁

有些人真的活得太励志，甚至让人有些无法相信，人生还可以活成那样。

朋友的父亲已经是一位年过半百的中年人，在许多人眼中已然是一位老人。可是，这位父亲心中的自己却不是一个老年人，当周围的同龄人都放弃前进沉迷麻将的时候，他却相信自己仍旧有的是发散光彩的机会。

他总挂在嘴边的一句话是："我还年轻，才五十嘛。"

朋友形容她父亲："如果有一刻我想要放弃梦想与追求，那么看一眼我父亲，便会觉得浑身充满力量。"

她的父亲也只是一位平凡人，并不是什么天赋异禀的天才，只是不甘平庸，五十岁之后拿起了机器学习、模式识别的书，开始学习人工智能。每天都不会睡懒觉，一整天的时间从早上起床一直学习到晚上十点，还会不断地温习那些晦涩难懂的知识。

若只是纸上谈兵，便也无法成为一个成功的例子。朋友的父亲亲自操刀创业做起了机器人。

朋友说她的父亲不惧失败，只怕太平庸，每天都能很好地规划自己的时间，不会让自己学习时三心二意，也不会安排不合理的学习进度。

"我爸最近又开始研究心理学了，还把心理学与人工智能相互融通。我觉得我差我爸真的差得太多，有种他是我今生无法越过的高山那样的一种感觉。"

____ 肆

只要你想起步，有决心有行动，时间便永远不会晚，也不会丧失追逐的机会。

想要颠覆平庸，首先便要在心中坚定地相信自己可以不平庸！

其次，要有合理的时间规划。不要将计划安排得毫无可执行性，也不要为了安排而安排，将强度设置得太高。

再就是，有了计划之后，便要按照计划按部就班地完成日程规划。拒绝拖延症，拒绝敷衍了事，这也是自律的一部分。

最后，活到老学到老，学习是一刻不能放松的。不论多大年纪，也不论什么文化水平，不论做什么样的工作，多读书，多学习从来没有错。

若能全部做到，你便不再是那个平庸的你！

———— 伍

所谓的不平庸，并不是非要闻名于世界，做下一个乔布斯、马云。只要你觉得自己达到了所渴望的人生高度，你便是成功的。

人活一世，总归是有所求、有所望。人若没有了欲望，便真的形同行尸走肉。

颠覆平庸，是每一个人内心深处的渴望。只要能做到不惧失败、合理规划、自律、学习，便不难攀上那个高峰。

颠覆从来不能用嘴来实现,只有行动才能将你引向渴求的未来!

别再做语言的巨人、行动的矮子!用行动去颠覆平庸,造就属于你的天地!

如何让自己优秀？

创建让你优秀起来的行为习惯

——— 壹

我们总会感慨他人的优秀，感叹自己与优秀之间那巨大的鸿沟。有时候说是嫉妒其实更多的是羡慕，是渴望。我想没有人真的不渴望成为一个优秀的人，只是缺少方法。小君便是其中一位。

公司的氛围并不算太好，一个科技企业却有一些养老的味道。同事们没有什么斗志，大部分都是得过且过，过着无所谓的生活。

在这样的环境中，小君觉得大家都失去了奋斗的动力，但是他却不想就这般。于是小君买了剑桥商务英语中级的书，准备下半年考试。

可能是没有方法，又或是精神力不够，一看书便犯困。除了书到的第一天，他比较亢奋翻了一会儿，后来便几乎没有碰过。偶尔碰的那么几次，也是将书打开放在那里，而自己玩手机。

这样的时候多了，小君便也放弃了，不再去想什么BEC，掉进了随波逐流的队伍当中。

即便环境并不好，但是我们每个人都是一个独立的个体。我们有选择环境的权利，也可以在差的环境中成为这里的尖尖！

—— 贰

从小每个人的耳边都有一个"别人家的孩子"，这个孩子勤奋上进，优秀得让人羡慕。长大了身边依旧不乏这样的优秀人士。若说不向往定是假的，只是能成为优秀的却不那么多。

大部分人只是坐在那儿空想，做一个春秋大梦，自己回味无穷，甚至信以为真。

然而，什么都不会是一觉醒来便美梦成真的，你做的那些美梦是需要你去实现的。

像小君这样的人大有人在，最后他们便消散在茫茫人海中，再也没有脱颖而出。或有的人也曾去试过，却没有对的方法，最后放弃。

不论如何，只要结果是放弃，你便离优秀越来越远。"优秀"，最后成为遥不可及的词汇，与你再没有交集。

总有人抱怨，为何好运都是别人的，也因此而愤愤不平。其实真没有必要抱怨，能力是展现出来的，不属于自己的，只是因为自己不够优秀。

叁

不论是应对学习还是生活，优秀的人都有一套自己的方法，那便是他们的行为习惯。

小天便是一个这样的人，从最开始能看到的，便是她在时间上的自律。为了锻炼身体，确保自己的身材与身体素质，她每天早上五点半起床跑步，吃饭一日三餐不落。同时，不摄取任何容易长胖的食物，曾经挚爱的火锅、烧烤、油炸食物全部戒掉了。零食也是控制着吃，像辣条、薯片这类零食，她也是拒绝的。

久而久之，这便也成了她的习惯，她也就拥有了大家羡慕的好身材，A4腰、马甲线……

小玉跟优秀结缘，则是凭借她的不服输精神。

小玉上班之初，被人指头到尾：领导觉得她工作水平不行，专业知识跟不上；同事背地里骂她是猪队友。

为此，小玉痛下决心，每天晚上回去都会看两个小时的专业书。利用休闲时间，登录与工作业务相关的论坛，学习别人的经验。这样坚持三个月后，她的业务能力飞速进步，不再是文案界的小白，能与同事们讨论交流，并总能拿出让领导惊喜满意的方案。

而这样的三个月学习之后，小玉并没有就此放松，而是继续每晚学习两个小时。只是有时候可能是看悬疑小说，有时候可能是研读心理学，又有时候可能是品味历史。就这样，过了两年，小玉都成了办公室的"小百科"。

其实优秀就是一种习惯，想要优秀，请从创建让你优秀起来的行为习惯开始。

肆

优秀的习惯，本来就是一些细节。有时候你只需要一个微笑，便能赢得一个机会；有时候你只需要每天早起五分钟，便能换一种生活。

所以你只需要确定自己的目标，然后制订一个实现目标的计划。这个计划不需要太复杂，只需要简单的一个小习惯就可。

就好比上面例子中的两个人一样，一个很简单的习惯就可以。只要能将那份计划执行下去，便能成为让自己优秀的习惯。

而这个目标，其实也很简单。想想自己渴望的是什么，减肥成功？考研录取？考证通过？或者是多久读完一本书？学会某一种技能？都可以！

将这个小计划融入自己的生活，慢慢地便成为你习惯性去做的事。而你也就在这个过程中，变得优秀起来。

——— 伍

  其实世间的事没有那么复杂，优秀也没有那么难。就好像一个复杂的数学算式，你将它因式分解之后，便也变得简单了。

  而我们去养成的小习惯，便是这拆分开的小式子。只要将这些小事件坚持下去，做好自己的时间控制，便能成为优秀的人。

  羡慕也好，嫉妒也好，都不如行动来得实际！何必将时光浪费在无意义的事上，而辜负了本应绽放的光彩?

  与其因此而丢失了自己的渴望，空余后悔与自责，何不从此刻开始，创建一份让自己优秀起来的习惯，成为一个优秀的人！

PART 2

立刻停止无效的努力、
低 质 量 的 勤 奋

无数个忙碌的夜晚,换来的却是责备,你是不是感到既委屈又挫败?请停止无效的努力、低质量的勤奋!

你每天都这么忙，为什么还过得这么惨

壹

有的人永远都处于奔忙中，可收获却异常惨淡！有这样一位认识的人，每次只要问到最近如何，他永远回复："忙！"

他究竟是有多忙，不论何时，都是如此忙碌。似乎没有生活的时间，总是处于那种无暇顾及一切的状态。可是若问他："你这么忙，收获一定满满啊！每天是不是都感觉充实得很？"

他便会回复："唉，别说了，什么收获啊……没钱，穷得不想说。忙得不行，脚打后脑勺，整天加班，但是真的没挣几个钱，也没有学到什么……"

我很吃惊，忙碌的人为何一无所获，继续问："那你每天在忙什么？居然都没有收获？不论是金钱或是经验都算是收获啊……"

"唉呀，真的是没有。不说了，我得去忙了……"

他的忙碌让人不懂——有意义的忙碌一定会让自己感到充实或是满足,而他却丝毫不觉得。

这本身就是无意义的忙碌,何必让自己深陷其中?

——— 贰

我们总说,忙碌起来才能找到自己存在的意义。自己的世界也随着忙碌带来的满足而越来越有趣,哪怕是累得眼皮都抬不起,但若是有收获,一样心满意足。

可当忙碌等于徒劳,那还不停下来进行反省,问问自己,忙碌的目的是什么?

为了梦想,为了目标,为了生存,为了发家致富,都是有意义的,可是你依旧混得那么惨……你根本不像是追寻梦想的样子,也不是在奋斗的模样。

放弃了生活,忽略了家庭,疏远了朋友……你究竟在忙什么?

忙了十年,依旧住在20平方米的出租屋内,省吃俭用过日子,没有了梦想,拖着疲惫不堪的身体……还要继续"忙"下去吗?你是否想过这个问题。

——— 叁

有一位朋友,白天在公司上班,晚上还要写稿子。她已经结婚生子,可以说在别人的眼里,她是忙碌到没有任何空闲时间的人。可事实呢？却不是这样。

她有时间陪孩子，有时间与丈夫二人世界，有时间和朋友聊天。白天的工作没有耽误，而晚上的写稿也没有让她彻夜不眠。工作中她是明日之星，写作圈中她两年之内从新人成为高手。

她也会偶尔和我说"最近有点忙，在赶稿"之类的话。

"忙是好事啦，收获多多，对不对？"我问她。

她很满足地回答说："是啊，忙当然好。想想两年出版了四五本书，值得。有付出就有收获。"

没错，她不过进入写作圈两年左右，就已经出版四五本书了，可以说是收获满满。

第一次看到她跟家人外出游玩拍的照片，我略带惊奇地笑着说："你不光会忙，还很懂得享受生活呢！要不是看到照片，我根本不知道你结婚了……"

她哈哈大笑道："不管怎么样，还是要享受生活的。再忙也要有时间陪家人。再说了，忙碌的目的就是为了有时间能享受生活呀！何况忙碌本身就是让人感到满足且幸福的事。"

就是呀，忙碌的意义是为了达到自己的目的，并不是为了让自己不闲着。

―――― 肆

你在营造的忙碌表象中，究竟收获到了什么？是否问过自己这个问题?

或者你只是忙碌而已,什么都不曾得到?

导致你过得如此差的不是忙碌,而是你根本不知道什么是忙碌。你除了瞎忙,就是无效率地工作。如果你再不反省,不停止瞎忙,开始学会有效率地做事,你到老也不会过得好。

你需要明白,忙碌只是一个表象。透过现象看本质,才能深入了解问题。不是忙碌就等于充实,能通向未来的是有效努力和合理规划。

停止瞎忙,停下来分析总结一下你"两袖清风"的原因,并且去改变,让自己成为本来渴望的那样。

伍

归根到底,你如今仍旧混得这么差的原因,是因为没有找到合适的方法,一直处于一种假忙之中,从而什么都丢弃了。

曾经有一段时间,我上班时也是如此。我被忙碌充斥着,疲于奔命,可有一天我忽然有些疑惑,我问自己究竟做了什么。

这个问题我回答不出来。

那一刻我明白,那些忙碌全部是没有意义的,只是耽误了时间、消耗了精力而已。

大好青春不是用来浪费的,请停止浑浑噩噩的瞎忙!

为什么你越忙事情越找你

―― 壹

很多时候便是如此，你越是忙得喘不过气，越多的事情纷纷而至，压得你手忙脚乱。

记得刚刚工作时，领导要求我将技术项目当天提交总结报告。可就在我盘点技术点、绘制最后的三维模型时，老板又找到我问我关于项目申报的事，并带着一位第三方销售员与我洽谈项目申报的相关事项。

一晃两个小时过去了，当我重新打开总结报告的文档，开始继续撰写时，生产线的装配员又打电话说线上机器装配出了问题，让我去看看。

那一天便是这样，一件事情刚刚结束，又一件事情压下来，或是几件事情一同扑向我。导致后来我都乱了方寸，不知究竟应该先做哪一件。

越忙越乱，越想将每一件事都做好，到最后越是一件事都做不好。

于是那一天下来，我加班加点，疲惫万分，却什么也没有做好，以至于第二天被公司点名批评。

贰

生活中遇到挫折或是不顺心，我们总是抱怨运气不好。而当你很忙的时候，还不断有事务奔向你，你是否也会烦躁，是否也会觉得真的是自己运气不好？

若是你这样认为，那便大错特错！

这世间所有的遭遇都是因为自己的不妥当导致的！若是我们能将每一件事都保证质量地完成，不去担忧该做哪一个，而是按照一个顺序依次完成，便也不会出现纰漏。

很多时候你所付出的与你收获的不相匹配，只因为你做了许多无用功。

忙碌是每一个人都会有的时候，甚至在忙碌时还要面对来自各方的催促。这个时候你脾气烦躁，内心如火一般焦急，可你越是如此，越是找不到方向，越是无法高质量、高效率做好事情。到了最后，不过是把自己沉没在悲观而愤怒的情绪之中。

叁

技术部的工作本来就有很多不确定性，生产线上有任何异常，采购有任何疑问，客户有任何咨询，售后有无法解决的大难题，事事都牵连着技术人员。而这些还只是临时事件，技术部本来还需要负责新项目的研发以及老项目的优化之类的工作。

办公室的小佳是一位工作了几乎十年的机械工程师，按照时间的计算，其实也算是一位比较有经验的技术员。

近日，领导同时开了两个项目，而主负责人都是小佳。线上又是每天好几个电话叫他去查看机器安装情况，解决无法装配的种种问题。实验室又有新机器在研发做实验，每天也不断地有电话打进来让他过去查看。如此一来，导致他一整天忙上忙下。

不得不说我很佩服他，虽然许多事务缠绕一身，他处理起来却毫无压力。当然起初他也有过焦虑和凌乱，但是很快便镇定下来，第二天不慌不忙地将所有的事务处理得井井有条。

我仔细观察他的时间安排。每天早上，我到公司时，他已经在处理工作，写着需要在办公室才能完成的项目申请书。

剩下白天的时间，由于许多都是现场临时问题，所以无法从时间上保证。于是他便利用在办公室的时间，总结了一下可能会发生的问题，并写好解决方案。当电话打来时，便直接告诉对方如何处理，若是遇到大问题，他所未意料到的，才会去现场。

这样他很好地保证了自己的工作时间，将不可控制的时间尽可能地转为可控。

明确知道同时出现的事务何者为主,何者为辅,懂得如何安排时间、因地制宜、见机行事,是做好事情、解决问题的最佳方案。

———— 肆

忙碌谁都会遇到,可是忙碌没有处理好便是凌乱。

此时,必须强迫自己冷静下来,避免心态崩溃。

心态一定要平和,以便分清每一项事务的轻重缓急程度。若是心态不对,脾气暴躁,心中烦闷,那么肯定事事都做不好。

另外,便是要根据事务的轻重缓急程度,制定一个合理的处理顺序。然后按照顺序去做好相关工作,这样才会万无一失。

其实,所谓的越忙事情越多本来就是个心态问题,就好像常说的,你想的不来,不想的却偏要来一样。

事情必须完成,却不是为了完成而完成,去疲于奔命忽略质量。否则到了最后,不仅得不到奖赏,反而还会受惩罚!

———— 伍

职场上的工作,就好像学生时代的突击考试。一连几科都要突击检查考试,于是学生慌了阵脚,不知如何应对。

于是这本书翻翻,那本书翻翻,心中焦急万分,却又将时间全部浪费在了慌乱之中。最后变成了眉毛、胡子一把抓,什么也没有捞着!

总的来说,便是忙中出乱,而忙有时候便是因为你的毫无规律。若是将一切安排得井井有条,便也不会遇上忙上加忙的事。

只有懂得处理才能真正避免越忙越乱,若是仍旧像热锅上的蚂蚁一样焦虑,注定会忙中出错!

为什么你越忙事情越找你?你心中没有数吗?是因为你的时间安排不紧密,因为情绪受外界影响太多,因为你不懂得事务的轻重缓急!

说到底,是你让自己越来越忙,却仍旧只是低效率地疲于应付!

每天早起5分钟，
你的人生会有另一种可能

壹

办公室同事小可每天上班都是踩着点儿来。有一次她迟到了，于是大家笑话小可："看你每天踩点，今天没踩到吧！"

小可挠挠了头，垂头丧气地说道："你们快别说了，今天遇到了交通事故，被耽搁了！"

另一位同事问道："那你早点起嘛！你看你连吃饭的时间都没有。"

小可打开电脑后说："你以为我不想啊？可是床真的不想让我起来，真的是好困。早上眼睛都睁不开，起床简直是太难了！"

"你可以多开几个闹钟嘛！哪怕早起五分钟也有了缓冲的时间不是？"

"闹钟我定了，但是真的起不来。感觉多睡五分钟就好像精神更充沛似的……"小可无奈地说道。

多睡五分钟真的会让身体机能得到更好的休息吗？当你明知该起却赖在床上时，我想你内心一定很挣扎。与其挣扎，还不如强迫自己起床呢。

———— 贰

一年之计在于春，一日之计在于晨，清晨是一天之中最为重要的时段。

可许多人总是选择在床上多赖几分钟，而拒绝早起那么几分钟，只是贪念床上的温暖、睡梦中的香甜。

可是人的一生并不长，有多少时光是可以用来浪费的？早上的时光短暂而金贵，看似短短的几分钟，有时候却能决定你的人生。

就比如，若是面试那天因为多睡了五分钟而错过一趟公交车，导致面试迟到，从而失去一份你所渴望的工作。

再比如，高考的时候，由于多睡了五分钟而遇上堵车，因为迟到而无法参加考试。

我想不论是哪一种，都是你无法承受的打击！一步出错，便是另一种人生，而影响那一步的也不过是早晨短短的五分钟罢了。

迟到而错过是最为直白的表达方式，当然这五分钟可以做的事太多了，而这些照样足以影响一个人的人生轨迹。

让优秀成为一种习惯

叁

记得有一阵子我也总是踩点上班,甚至有一次特别险,险些迟到。于是第二天,我早起了五分钟。

也是从那时我发现,早五分钟的街道与晚五分钟的街道是迥然不同的。从那个时候起,我开始每天早起五分钟。不瞒你说,早起真让我有一种偷了时间的愉悦感。

小云也有这样一个习惯,每天早上比本来预定的时间提早五分钟起床,用来使自己提早进入一天的生活状态,从睡梦中的朦胧清醒过来,同时,给自己一个缓冲的时间。若是有什么事耽误了一小会儿,也不会影响一天的计划。

由于小云工作出色且利用其他时间考了许多证书,总有人会问她是如何做到从生活中"偷取"时间的。

小云便会说自己只是每天早上提前五分钟起床而已。起初,还有人质疑地问她为何会有这样一个习惯。

"其实五分钟很短,看起来不怎么有用。也是一次偶然,我忽然想,如果每天早上早起五分钟用来背单词,会怎么样?"她用手撑着下巴,看向外面的风景说道。

"五分钟时间真的很短,很不起眼……你又怎么能利用每天五分钟考过那么多证?"

面对质疑声小云微微一笑说道:"每天利用五分钟记几个单词,听一段听力,早早进入一天的战斗状态,长年累月自然会见成效啊！我的剑桥商务英语就是这么考过的呢。"

____ 肆

早起五分钟其实真的不是什么难事，但是收获到的却是意想不到的惊喜。

有时候总觉得早起的五分钟里，似乎什么都会发生，总会获得意外的回报。比如碰巧看见清晨的美景，又多了一些时间安静地吃早餐，抑或只是读一首诗听一首歌也是很美妙的。

想要做到早起五分钟，实际上很简单：将闹钟往前调五分钟，多设置几个闹钟。

最初可以给自己安排一些对你有诱惑的事物，比如早起五分钟破例吃一份昂贵的早饭，又或者想想早上的新鲜空气，坐早一班公交车提早到达公司的欢悦等。

给自己安排早起五分钟，然后设置一个奖励制度——只要足以让你有动力起来就可以。

当跨过了最初的艰难点之后，一切都会成为习惯，便也不再会有任何问题。

____ 伍

每天早起五分钟不会让你睡眠不足，也不会让你精神上疲惫不堪。古人有云，"莫道君行早，更有早行人"，别总是为了睡觉而被人狠狠地甩在身后。萧红也曾说过，"生前何必久睡，死后自会长眠"。

活着的时候别为了贪图那五分钟的慵懒，而失去改变一生的机会，这是不值当的！

当你追悔莫及时，却已是回天乏术。

早起的五分钟或许不能给你带来太多直接的收益，但是当它成为习惯，一定会影响你一生！

赶早不赶晚，不是吗？

延长工作时间，

可能是提升效率最差的选择

―――― 壹

朋友所在公司的部门领导总喜欢计算员工工作时间的长短，甚至强制要求员工加班。有半年，领导要求整个部门的人每周必须加满9个小时，月统计至少要加班30个小时，否则当众批评。

朋友跟我说："我们本来就是单双休，单休比双休多，现在直接全部变成了单休，晚上还要加班……"

我很好奇，到底是有多忙，才会让领导下这样的命令，于是问她："你们有那么多事要做吗？"

"都是一些不可能因为我们加班就能做出来的事。大家都很疲惫，连白天都没有精神……"她很疲惫地说道。

"那岂不是每日除了疲惫，也不会有时间做其余的活动？"

她无奈地摇摇头："还活动呢？你就算约了男朋友，也得推了,基本上就是那种有男朋友都得分手的状态……如果是真的忙,那至少是充实的,可我们这种加班除了疲惫,剩下的只有空虚……"

她顿了顿又说道,"你想象不到,真的是空虚!让人觉得自己浪费了很多时间,却什么也没有做成,挫败感满满!"

似乎她的领导就觉得时间代表了一切,然而真的是这样吗?工作时间本就应该是越短越好,效率才是关键,没有效率一切都是白费!

贰

也不知为何,总有那么一些人觉得工作的时长就等于成果,但这种想法完全就是不合理的!

无休止加班只会让你变得疲惫不堪,甚至怀疑人生。这种时候,也早就没有了工作的激情,更别提效率。白天行尸走肉,晚上疲于应付,几个月就是这般度过,又谈什么理想与未来?

阶段性加班谁都可以理解,但是,真正最好的工作质量绝对不是用时长堆积来的!朋友的部门领导理应明白,没有效率的加班对公司及员工都无益。实际上,他自己那么爱加班,也同样毫无效率。

叁

与之不同的是,我的一个朋友自己开了工作室,他对员工的要求是:"没事别加班,有事也尽量不要加班!"

员工都很开心,白天上班的时间,大家都认真工作,没有谁偷闲玩手机。

我问我的这位朋友:"你对你的员工要求那么松,不怕他们完不成任务吗?毕竟有时候可能真的工作任务紧,需要赶工。"

他轻轻笑了笑,说:"是啊,但是,如果总是让他们将事情全部拖着加班,那是无效率的事。"

确实他从来不说强制大家加班的话,也一直告诉大家,尽量不要加班,在工作时间将所有的事全部完成。

还有另外一个朋友,从来不熬夜,每天早上准点起床,但是任务却全部能完成。既不会拖泥带水,也不会无限延长自己的工作时长。

对此我特别钦佩,说:"你真的太厉害了!居然可以这么高效率!"

她只是淡淡地说道:"其实这不算什么啊,熬夜只会让人越来越累,最后便成了恶性循环。而且,效率这个事本来就不是时长所决定的。更何况,如果完成的任务是一样的,时长变长,等于是效率降低了。成功的人士,都不会做这种无用功。"

没错,一切没有意义的延长工作时长,都是浪费生命!甚至不如吃一顿美食愉悦心情,看一场电影放松心情……

── 肆

一味地延长时间，并不能做好事情，反而容易养成拖延症。

与其将工作时长延长，不如将时间压缩！本来应该一个星期完成的，要求自己三天完成！这样挑战自我，只会斗志昂扬，绝不会无聊疲乏。

切忌将时间一味加长，除了说出去表面文章做得好之外，就是一身疲惫。如果是领导的话，强制员工无效率地加班，收获的也只有员工的一肚子抱怨与不满。

── 伍

延长工作时间，其实说到底也只是拖延症的一部分。可到头来，除了身体疲惫，工作质量差什么也没有，不是吗？

所以你又何必呢？将自己囚禁在一个"牢笼"中，你出不来，还总是抱怨没有成绩，到最后你就如枯萎的花朵一般！

最低的效率便是所谓的延长工作时长，你为何要将自己陷入这样的境地中？时间的长短真的不等于工作成绩的好坏，若你一直用这样的思维去工作，我只能说成功真的与你无关！

有这样的时间去浪费，还不如提高效率，用最短的时间，高质量地完成工作！

每天做一次复盘，你的人生会不断进阶

——— 壹

想起前阵子有个学妹找到我，和我聊了聊最近的工作生活。

她说自己每天都被工作弄得应接不暇，一个任务还没有完成，便又来了一个，让她每天下班都十分疲惫，却又觉得什么都没有完成。

这让我想起了当初的自己，每天的时间都不够用。那时候，时间过得特别快，而自己却觉得收获很少，每天都埋在工作中，迷失了方向，似乎丢了魂。

每天疲惫不堪，坐在公交车上都能陷入沉睡，只是，虽然焦头烂额，许多工作仍没有处理好。当时，以为也许工作的职场就是这个样子的。

也是后来才知道，有一种叫作"复盘"的管理学习方式。

贰

许多人都经历过这样疲于应对的时期，或者上班几年之后，你如今仍旧处于这个状态。不得不说，在工作中，你如果不能将有用的时间最合理地使用，往往会变得很被动。

只是看着混乱的办公桌面，盯着文件散乱的电脑桌面，最后你自己都开始迷茫。在这样的忙碌中不知天日，也就不知还有其他的办法。因为你总要去赶工做着最紧急、屡被催促的工作。

疲惫，是的，你是疲惫的！着急，是的，你也是着急的！用心，是的，你也是用心的！

那么为何你做不好？如果跑步不拿第一，无人知你努力；如果工作不能做得妥当，无人愿意相信你的努力！于是，努力都会成为白费的，换不回来任何成果！

其实是你可能忘记了，工作也和上学一样，是需要学习的。上学时，我们会有一个错题笔记本，记录着那些错题的错误原因以及正确解题方法。上班之后，却忘记了，其实工作也需要归纳总结。

许多问题，本就是在这样总结剖析中一点点解决的。每个人都不是生而知之，只是如果你不愿意在工作中花这样的心思，便也不用指望升职加薪！

叁

丽娟刚刚毕业进入社会，上班的初期，让她每天都无暇顾及吃饭。只有每当深夜,回到一个人居住的小房间,才敢卸下一身的疲惫,瘫在床上再也不愿起来。第二天,再次打满鸡血地扎入凌乱的工作之中。

便是这样,一日复一日,一直到两三个月后,有一天她忽然觉得,目前这样的状态不能再继续。

因为,就在前一天,同一个错误,她已经是第三次犯了!领导将她叫到办公室谈话,问她为何会一个简单的事,说了几次都没用,并说如果再这样下去,就不用再来上班了,反正还在试用期。

丽娟一直强忍着泪水,终于结束一天的工作,回到自己的小窝。她将自己蒙在被子里,再也忍不住,号啕大哭。自己明明很努力,可是……为什么?

丽娟不愿意放弃这份来之不易的工作,更加不愿意就这样被打败。于是将眼泪擦干,咬了咬牙,对自己说:"一定有合适的工作方法,决不能就这样被打败!"

趁着夜色,丽娟在台灯下,细细回想着自己这几个月的工作情况,并将自己所犯的错误记录在笔记本上。一条一条列得很清晰,列完她舒了一口气。

接着,丽娟进行分析,究竟是什么导致这些错误的发生,甚至有的错误一而再再而三地发生。

就比如,一位同事经常要的资料,一个很简单的资料,为何总是避免不了每次都有错误存在?丽娟分析,原因便是自己粗心大意,认为资料简单,而没进行检查。

分析完了自己在工作中所犯的错误，丽娟开始回顾自己最初的目的，以及把现在的结果与应该的结果比较。最后她总结归纳得出一个好的解决方案。

就这样，她忙了一个晚上，并告诉自己，从此以后，每天下班之前，要对当天的工作进行一个复盘。也正是这样，丽娟的工作一天一天有了起色。

肆

当工作变得繁忙，而这份繁忙让你觉得毫无所获时，情绪中的低落会让工作进入恶性循环。所以，一个好的工作方法是一定要的，不论是自己归纳总结的还是外在学到的。

对工作复盘，是提高工作效率及质量的一个有效办法。

准备一个笔记本，写好你每日要完成的目标，这便是复盘的第一步。

第二步便是将当日所完成的事项结果与目标相比较，得出一个结论。

第三步，对这个结论进行一个自我剖析。不论是好还是坏，都要有一个自我分析的过程。

第四步，便是总结归纳。好的方法，那么以后要应用到工作之中；若是错误的方法，就要找出原因改正，避免以后再发生类似错误。

这样便能做一个简单的复盘，就好像一场学习之后的自我分析总结一般。

伍

事半功倍与事倍功半，选择哪个？任谁都会选择事半功倍。

工作更是如此，提高效率本身就是一个事半功倍的过程。

如果努力无法得到相应的结果，那么这份努力便是无意义的！除了让你自己疲惫、受挫、委屈、难过，别无他用。

若想将努力换成可见的成绩，那么就每天不辞辛苦地做一次复盘！让复盘成为你的习惯，成为你工作的方法！

别让低质量勤奋毁了你，有效提升效率的N个方法

壹

"小吴你怎么回事？怎么每次都犯这种错误？"经理又将小吴的另一份报告拿出来，"还有这个，这都是什么玩意儿？给了你两个星期，你就整了这么一个方案？听说你还天天加班？你时间都用来干吗了？还有我要你昨天就交的文档怎么还没有交上来？你不会又忘了吧！"

小吴低着头站在那儿，听着经理一句又一句的责问，心里有说不尽的委屈，眼泪在眼眶里打转，一直强忍着不让它落下来。

"赶紧的，去把这些重做！还有明天我要看到那份文档！后天要交的报告也别忘了。给我认真点！再不行，我得考虑是不是要把你给辞了才好！"

小吴吓得连忙接过报告说："经理，我马上去改！不要辞

退我。"

走出经理办公室,眼泪便落了下来。小吴紧紧地攥着报告,不让自己哭出声来。真的,她真的很努力了!一天24小时,除了睡眠的6个小时,她连吃饭的时候都在想工作的事。

可是结果为什么会这样?付出与回报相差这么大?

———— 贰

有时候,我们总会错误地认为,勤奋便是用时间堆积。想用时间的长短来证明自己付出了多少,但是这真的跟收获相等吗?

很多时候你觉得自己很累,付出了很多,却没有得到嘉奖,甚至还会被责骂;而别人,按点下班,却经常得到褒奖。之所以这样,是你不知道在相同的时间里,你与别人完成的工作根本不是一个数量级。

你感到委屈、难过,认为上苍不公,让你的收获与劳动不成正比。

你的委屈在他人眼里简直可笑!你再努力,再勤奋,也只是如此。可能同事还会背后议论:"你看她又被经理骂了。"

不要怪领导骂你,同事嘲笑你,不争气的是你自己!

你可以继续觉得委屈,继续被责骂,继续被人嘲笑!但你也可以,让一切等价!而这只是你的选择罢了。

叁

记得读书的时候有一个同学,成绩很好,但总是惹得老师要给他做思想工作。

当时高三,大部分同学都恨不得24小时都在学习,一门心思扑在书上。但是他却很悠闲,甚至还在晚自习上看课外书。他当时便是学习很有方法,效率很高,不会做无用功。

他很会抓重点,不会绕着一个问题一个劲地想,总是先放下,做别的功课,然后再回过头来想。其实人的思维本来就是这样,干点别的再来想,很可能就会找到灵感。

职场上,也有这么一个高效率的同事。每天一大早,当大家还在"张家长李家短"时,他便开始进入工作状态。平时,不论领导要什么文件,他都能及时甚至主动提交,而且很明显,并不是急急忙忙赶出来的。

最让人意外的是他从不加班,都是按点上下班,但是却将一天的时间用得很经济。

偶尔他也会在上班时间浏览看似与工作无关的网页,但是时间很短。

而当时的我刚刚入职场,就没有这么舒坦了。我感觉自己每天都找不到方向。也不知道任务多不多,只觉得自己快要累瘫了,好像每一件事情都很紧急,甚至会纠结到底应该先做哪件事,以至于耽误很多时间。

于是我向这位同事请教:"涛哥,为何你做事效率如此高?从来都看不到你加班,明明领导给你安排了很多任务啊!"

他看着我笑了笑说:"工作效率其实很好解决的,只要你做好工作清单,注明事情的重要程度,并且心里清楚所需要的时间。做事不能急躁,一定要一件一件去完成。时间要紧凑,不要做一会儿就看看手机,要注重效率。但是工作了一个小时之后,也可以适当地放松十分钟。我说了这么多,你可是要交学费的哦。"

我连连点头:"谢谢教诲!中饭我请了!"

肆

工作效率在职场中相当重要,既保证了工作质量,又让自己不用加班加点,同时,工资也有了保障。

有效提升工作效率的要点很多,以下就说几点。

第一,保证睡眠充足。早睡早起,拒绝熬夜,尤其不要熬夜加班、熬夜看剧。

第二,列一个工作清单,把当天需要做的事按照顺序列好,标明轻重缓急以及难易,让自己更好地把握时间。

第三,发生临时事件,要快速反应处理。临时事件常有发生且无从避免,要根据事件的重要程度采取恰当的应对措施。需要下现场的,要快速下现场,并处理好应急措施,后续方案回来再按照列表进行处理。

第四，善于总结。要多总结自己的工作，包括经验和错误。

第五，劳逸结合。一直工作会疲惫，所以偶尔的休闲也是需要的，但是时间不能太长，并要快速进入工作状态。

伍

职场上，方法是很重要的。毕竟谁都不想做无用功，何况还要挨上司批评，对不对？

没有价值的勤奋是徒劳，没有意义，浪费生命！

要将自己有限的时间用在相匹配的地方，做出相匹配的结果，才是不浪费时光。

生命只有一次，怎能将青春年华浪费在无意义的事上？

PART 3

你所谓的做不到，只是别人的小菜一碟

一边艳羡他人的生活，一边自叹不如，知道你为什么是个失败者吗？因为，你的人生字典里充满了"不"！

你熬夜赶工作的时候，同事已制订好了明天的计划

——壹

小风经常因为工作加班，有时候还需要将工作带回家里熬夜赶工。任务重时，连周末都被剥夺。

于是小风的世界里，只有工作、工作、工作！除此之外再无其余乐趣。偶尔不用加班的时候也是瘫在床上，弥补平日不足的睡眠。

每当朋友叫小风出去玩、看电影或者吃一顿火锅时，她都在加班，被工作绕得头昏脑涨，总是谢绝。久而久之，自然朋友们也渐渐离她远去。

男朋友就更加不用说了，工作都成了男朋友，哪还有机会出去邂逅？

包围着小风的只有工作。可是她并不是一个工作狂，只是她

不明白为何办公室大部分人都不需要像她一样赶工熬夜。因此，她感到困惑，甚至觉得是不是领导偏心，将难的、烦琐的工作都丢给了她，才导致她这么凄惨。

人一旦开始有了这样的想法，生活又怎么能过得好？

贰

总是眼红他人工作毫不费力，不需要加班加点，进而产生猜忌，产生不满，认为领导对自己不公，这种心态只会让自己更加不顺心，工作时长也随之加长。

其实谁也不想熬夜工作，谁都想享受下班之后将工作抛之脑后的快乐。晚上与周末的业余时间应该是属于自己的。

但是为何你总需要加班工作呢？要从自身找原因。

本身熬夜工作就说明你工作效率极低，你非但不承认这一点，相反还疑神疑鬼，以"受害者"自居，消极怠工，抱怨公司，就更加不对了！

所有的问题都是出自你自己，解铃还须系铃人，你需要自己思考一种办法。一味地抱怨或是垂头丧气，都不是正确的工作态度。

有一种循环叫良性循环，而与之相反的便是恶性循环。而你的这种行为，本身就是一种恶性循环。

叁

朋友有一次特别震惊地和我说："你还记得我和你说过的我们办公室的王姐不？"

我想了想回答说："记得啊！不就是你说每天按点下班的那个？"

朋友十分激动："对对，就是她！而且她说自己每天下班以后，从不碰工作！可以说她是下班铃一响就跟工作说拜拜的那种！你看我前阵子，加班都加成狗了，她仍然是这套模式！"

我不解地问道："我听你说到过她啊！而且你还怀疑人家，说是不是老板的亲戚啥的，为啥待遇如此优厚……"

"对啊！但是今天我发现是我以小人之心度君子之腹了！人家是有一套自己的方法，并不是什么偷懒啊什么的！今天我碰巧看见她在做第二天的计划表，就腆着脸问了问。你猜怎么着？"朋友越说越激动。

"怎么着？你不是都说她在做计划表了吗？"我似乎知道朋友要说什么。

"对啊，就是计划表！她跟我说，她每天下班前都会将第二天的计划表做出来。她还打开了她的计划表给我看……"朋友停了停，"哇！我当时就明白为什么我在这边成天加班，她却优哉游哉。"

朋友顿了顿继续说道，"她的计划表合理，可以说是太合理了!并不是那种很呆板的几时几刻做什么的那种顺序排列,而是很合理地把不同的事件安排在一起。并且给每一个任务都标注了轻重缓急,同时还在一旁标记上可能会有什么意外。她每天严格地按照那个计划进行,不做任何多余的事。"

"那确实很厉害啊!而且你们肯定上班的时候还会聊天、看手机、溜号走神吧?甚至还要吃点东西什么的,对不对?而且你们也没有计划,就算有也根本没有分清轻重缓急,而是乱来,所以经常加班赶工。"我感慨道。

朋友有些不好意思地说道:"是的,这都被你发现了。以后我也要学王姐,做合理的计划,避免没必要的加班!"

肆

你看其实有些事很简单,只是从来没有人发现。有许多人都有着自己的一套工作方法,方法实用而不起眼。

熬夜工作本就是恶性循环的行为,越是熬夜越是疲惫,越是导致第二天精神不佳。

所以必须从源头进行阻隔,要避免熬夜加班。只有精力充沛开始一天的工作,才能将工作效率提高。

另外便是制作工作计划表。其实每个人都知道自己手上有哪些工作,只是没有列在清单上,导致许多工作被遗忘掉。于是当急着催要的时候,便只能熬夜赶工。

这个计划表，将第二天要做的工作列进去，并且标明轻重缓急，最好将所需要的准备工作，以及牵连到的小工作都写明。这样前一天不过花几分钟的时间列计划，第二天却能省去许多时间。

当然最重要的还是要严格遵循计划，否则便没有意义。

── 伍

将时光浪费在那些八卦新闻上，浪费在抱怨的心情上，还不如整理好心情，休息好身体，精神抖擞地投入新一天的工作。

拒绝熬夜赶工作，这是效率低且质量低的事，并且是一切恶性循环的开始。

当你挑灯夜战时，还不如下班前动一动手，给自己列一个合理的计划！熬夜类似慢性毒药，让你的身体在该休息时高速运转，久而久之容易落下疾病！

所谓的废材，就是你这种什么都拖到明天的人

——壹

日常生活中，经常能听到的一句话便是："唉呀，算了，明天再说吧！"或者是："明天开始我再努力，今天再玩最后一次！"

可有多少人却败在了明天，因为他们根本没有明天……

大学时有一个室友，最初我觉得她很努力，总是做许多的规划日程安排。但是后来，我却发现她的规划基本上只是做做样子。

于是我问她："你不是说今天要去图书馆吗？怎么还在这儿？"

她懒洋洋地揉了揉眼睛，拿手机看了下时间，说："唉，都这个点了，算了，明天再去吧。反正也不差这一天……"

就这样，她的每一天都在"明天再说"的表态中度过，所有的规划都推到她始终不曾拥有的明天。

____ 贰

这样的认识绝对错误，没有哪个成功人士会说"明天再说……"这样的话语。

我们总说做事赶早不赶晚，也是这个道理。若是什么事都推向明天，那么今天你做什么？努力的人都是分秒必争，绝对不浪费时间，又怎么会凡事都推到明天呢？

机会本就是一瞬间的事，当它来临时你却没能准备好，便与你无缘。不管是小事或是大事推向明天都不是一个好的解决方案，带来的后果也远远不是你所能承受的！

将事推向明天，不过是失败者的借口！

____ 叁

有一位朋友时间规划能力特别强，若是你和她说："唉，今天很晚了，明天再说吧。"

她一定会回答你说："不行，今天我一定要做完。"

曾经我也问过她："你是如何做到事情不拖到第二天的呢？明明事情没有那么急的啊？！"

她一边打字一边说："今日事今日毕，是我的原则。因为明天还有明天的事，今日的拖延会影响明日的效率。"

"你这不是特殊情况嘛，才耽误了这么一会儿，领导不会怪你的啊。"

她忽然停下手中的事，很认真严肃地看着我说："这不是领导怪不怪的问题。这无关任何人，是我自己的选择。若是你把今天的事情推到明天，那么明天的安排也要向后推。这样一来，就好像多米诺骨牌一般，动一则全部动，你怎么能控制得住？"

那一瞬间我震惊了，这就是有规律的人生，绝不将今日的事拖到所谓的明天。

大学时，因为拖延症，在考试前的最后一天我才看书，当时受到室友的鄙夷："最后一天才看书，难怪你成绩差，没出息！"

说的完全没错，那时候我排名很靠后，而她却是全系排名前50的学霸。她早在一个星期前便开始系统复习，不会将事情推向明天。

那次之后我便也吸取教训，之后的考试我都是提前按照时间安排来复习，于是我再也没有比她成绩差过。

肆

明天，明天，再推迟几天，你便也没有了明天。毕竟这个明天是你永远到不了的明天！

拖延症的恶果不用多说，大家都知道。那么要想摆脱拖延症，首先便要做计划，一个可以实行的计划，而不是一个不现实的浮夸计划。

从"今日事今日毕"开始，拒绝做一个废材！

给自己定一个惩罚制度，今日做完多少工作，若是没有完成，便取消自己的某一项休闲娱乐。用刺激的方法督促自己不拖延事情，而是按时完成。

绝对不能像读大学之初的我一般，因为拖延症而被人鄙视。让自己养成一个小习惯，去一步步攻克拖延症。

失败的人才会用明天来搪塞自己。

___ 伍

总说自己在追梦，却从来没有将事情提上日程。长此以往，你注定是个失败者！

丢了梦想，丢了未来，也没有明天。

一个没有明天的人，又如何利用明天去成就一番事业？

我们所拥有的今天是有限的，用完就成为过往，成为回不去的曾经！

所谓的废材，就是你这种什么都拖到明天的人！

你不去主动找工作，工作都懒得搭理你

——壹

招聘人员说的最多的话便是："现在你们这些年轻人啊，什么都不想干，却想拿高薪。真的是一点都不愿意付出，一点苦都吃不得！"

小曲入职不到一个月就辞去了文职工作，说是工资太低，又无聊。而就这工资低又无聊的文职工作，还是她父亲托熟人给她找的。（毕业之后，小曲已经在家待了一年多了，父亲实在看不下去了才帮她找了这份文职工作，然而……）

小曲对于工作有着这样的理论："我有吃有喝，工作这种事一点也不急。我一个大学毕业生，还怕没有工作找我？工资低的完全不考虑，我有那么差吗？"

正因为如此，她一直处于无业游民状态。起初其实也是有人联系她的，但是她觉得工作难度系数太高，工资又低，不划算。当然，她也曾投过简历，都是一些大公司的高薪岗位。那样的岗位自然也不会要她，而她也没有从失败中学习，相反更加固执于自己的理论……

就这样，一天一天耽误下来。如今的小曲，实在不知道自己的优势在何处，陷入了迷惘。

——— 贰

这个时代是属于努力者的。

不愿意付出，只想要回报的人太多太多……但是你真的要做其中的一员吗？

生活是自己的，日子也是你自己过。无论是痛苦还是幸福，永远都是自己承受，无人可以代替你！

若是你愿意活成一个没有斗志的人，谁也拦不住你，就好似那句话，没人能叫醒一个装睡的人。

若是你渴望的生活并不是像虫子一样卑微地活着，那么你便不能如此。我们总用"车到山前必有路，船到桥头自然直"这样的话语来安慰自己，但是，你不要忘记了，一切的一切是给有准备的人，而不是给一个零付出的人！

叁

毕业那会儿,大家都一头扎进找工作之中。不过总有例外,宿舍里小孟十分努力地找工作,而他的对床小林几乎每天日上三竿才起床,点完外卖就沉迷游戏,再一转眼便又到了深夜。

小林总是说小孟:"工作遍地都是,你有必要着急吗?这可是我们最后玩耍的日子,等毕业了就再也没有这样的机会了!"

小林认为自己说的绝对不错——毕业了便不可能再有时间沉迷游戏,除非是职业电竞选手。但是小孟不认同小林,他觉得自己资质平平,没有参与任何大赛,可以说简历上没有亮点。所以他在网上四处搜索招聘信息,不断完善自己的简历。学校组织的校招一场都不肯错过,不断地在网上投递简历。

时间过得很快,转眼离毕业只有一个月的时间,小林依旧沉迷游戏。由于之前小孟不放过任何招聘机会,参与了多家公司的面试,投递了许多简历,终于迎来多家公司的offer,他拥有了选择公司的权利。

毕业离开校园,小孟进入心仪的公司实习,小林慌了手脚,病急乱投医,却只有被拒绝的份。为此小林后悔不已,但是世界上没有后悔药。

工作就是这样,你不找,它根本不会自动送上门。大学毕业的时候,我的班主任这样告诉我们,找工作就好像找对象一样。没错,你要优秀成什么样,才会有人主动追你?若是你丝毫没有作为,又怎么会有人将橄榄枝抛向你?

——— 肆

例子虽然说的是毕业生找工作的事,但是实际上辞职换工作也是一样的。不论什么样的情况下,工作从来都不会不请自来!

世上哪有那么多好运,偏偏这块金子便要砸中你?你是否有能力,又是否有资格?若是都没有,那么更加需要警醒,掉下来的不是机会,而是骗局!

找工作从来不需要太多方法,唯一需要的便是不断努力。做好调研工作,评估好自己,不要懒惰,多完善、多投递简历。只要你的态度没有问题,其实工作遍地都是!

——— 伍

最怕一个人没本事,不愿意付出,还要求得很多。因为,这个人一定是在做梦。这样不真实的事件,如今小说里都不常有了。

如今,梦还没有醒吗?是现实的打击不够大?还是经历的磨难不够多?

你不去主动找工作,工作懒得搭理你!这世间千好万好,但没有不劳而获的好事!

本该活得热气腾腾的你，为什么还不如退休的老人

壹

我以前的一个高中同学，如今总是殚精竭虑，不能放开自我。到了学校校庆的日子，我通过微信问他是否回校参加。

他说："不了，我现在毫无颜面回去面对同学与老师。"

我很诧异。在我的印象中，他虽然一直性格有些放不开，但总体而言也是一个积极向上的好青年。为何变得这般自卑，会害怕回校？我问他怎么会有那样的想法。

他说："至今也没有一份像样的工作。想辞职换工作，又没有十足的把握。活得一天比一天累……"

我便也无法再追问，若是再追问下去，怕是人家会把我直接拉黑。

他明明是个年轻人，却活得暮气沉沉……唉！

____ 贰

他那样的想法，完全就是错误的！年轻人正值血气方刚之时，并不是夕阳西下的老人，为何这般不愿改变现状？缩手缩脚，连尝试都不愿意？

年轻可以轻狂，可以疯癫，可以去将不可能化作可能。可如今连一些老年人都每天规律地跳着广场舞，而部分年轻人却死气沉沉，怕这怕那，岂不可悲？

你忘记了朝阳是金光璀璨，你忘记了春天是百花盛开……可你忘记的风景，从未离开。

____ 叁

我认识一个文友，她是个做事认真又爱闯荡的姑娘。前阵子她刚刚从敦煌旅游回来，和我激动地讲述所见所闻，最后说："我报名参加了'敦煌文化守护者'，虽然被选上的概率很小，可我太想去了！"

我问："概率是多少？"

"概率几乎为零。上一届守护者有知名主持人，还有两个研究生，这就占了比例的三分之一，而报名的人数简直多得数不过来。你说还有啥概率？"

"那你还报名？"

"我年轻啊！现在不去拼搏闯荡，啥时候去？等到拖家带口了，这种事怕是真的就难了。"

就是啊，我还年轻，为何不去做？现在有些老年人都开始参加高考、考研、学习英语，甚至连人工智能这样的高科技都勇于尝试。作为年轻的一代，怎能患得患失、安于现状呢？

我记得有一部电影《实习生》，男主人公本杰明年过七十，妻子又去世，往后的余生只剩下他一个人。他太害怕闲下来的时光，于是努力让自己变得繁忙。早晨去公园打太极，在菜地种菜，练瑜伽，看书，打高尔夫，甚至学习中文。可即便如此，他仍旧觉得日子太无聊，没有忙碌的感觉。

机缘巧合下，本杰明成为女主人公朱尔斯的实习生。他虽是七十多岁的老人，却热衷工作，别人没有吩咐的工作，他主动悄无声息完成。老板没有下班，他便不离开。种种细节都展现出这个老人蓬勃向上的生命力。

于是这位老迈的实习生成了老板身边的红人，是同事们公认的万事通，还再一次拥有了爱情。

肆

我们为何要害怕前进？若是想要改变便试着去改变，若是一时间无法从大事件直接改变，可以从小事件去升华。比如，先从一个人去平时不敢去的"鬼屋"，坐平时害怕坐的过山车开始，哪怕只是吃一口平时不敢吃的芥末，也算是一种尝试、改变、前进。

想得太多不见得好。一件事，你还没去做，便想了一堆不可能做成的理由将自己否决，让自己相信按兵不动是最好的选择，那人生还有什么乐趣？

所谓"少年强，则国强"，小到个人，大到国家，年轻是希望，是未来，一辈子那么长，为何不去挑战？

——— 伍

年轻是你挑战自我的资本，是你一往无前的动力。你拥有年轻的体魄，便应当去做不凡的事情。若是将本该朝气蓬勃的人生活成一团阴沉昏暗，等于糟蹋了生命。

连老年人都敢去做的事，年轻的你却畏手畏脚，好意思吗？别说你多害怕，多迷茫，你不过是为自己的怯懦懒惰找借口！

你本该活得热气腾腾，像天边金灿灿的朝阳，却活得不如垂垂老矣的老人，应当感到羞耻！

懵懂迷茫的你，

未来几年面对的可能是掉到下一个阶层

壹

有一个同事，已经结婚生子，但是面对如今的生活并不满意。她觉得工作与薪水都不称心，想去学一门手艺，然后辞职。可是她一直在犹豫。

早在去年她就在诉说这件事，到了今年下半年，她还在念叨这事儿，说她想学的手艺太多，不知道怎么样选择。

于是，她一直在迷茫，一直在彷徨，一直在等待。

我有一次问她："你还没有想好方向吗？究竟你渴望的是什么样的生活？"

她愁眉苦脸地摇摇头说："还没想好。我很迷茫，不知道怎么选择。要不还是先算了，就这样吧。等过阵子再说好了。"

"真的还要过一阵子吗？你的时间并不多啊，再拖下去可能很难跳出如今的圈子了……"

她抱着头，有些急躁地挠着头发，说："我知道，我知道不能再继续拖，但是……我真的很迷茫……"

明明知道目前的情况让自己不满意，想要改变，却又迷茫、彷徨，原地不动。这样只会困扰自己，虚度光阴。

——— 贰

迷茫是谁都会经历的过渡时期，没有人一开始便能清楚明白一切。但是，迷茫的时间若是长了，便也掉队了，到最后忘记了前进与改变。

人生说长不长，并不是一切都有时间去等待所谓的最合适时期。或者说，人生本就没有时间让你长久陷入迷茫！

一方面觉得目前不满足，一方面又只知道迷茫而不去改变。到最后，不过就是两手空空。

——— 叁

曾经有一个认识的朋友，在面临职业选择之时，她毅然决然放弃高薪工作选择回家做了一名自由职业者。

所有的自由职业者都要与自己、与家庭、与社会，做漫长的"斗争"。他们的艰辛远远高于工薪阶层。没有生活保障，最初的日子里甚至没有经济来源，还要饱受身边人的不解与不屑。所以朋友当时真的是下了很大的决心,才放弃了一份稳定、高薪的工作。

"你怎么舍得放弃那份工作?毕竟月薪过万……"

"那又如何?我喜欢写文章,喜欢写自己想写的,哪怕再累、再苦,也愿意。"

她坚定的决心,丝毫没有因为这些外在因素而动摇,反而更加坚定。

"你家里人当时同意吗?"

"这种事没有什么办法啊。就算在别人的眼里,你是个待业人员,也要为自己的未来搏上一搏!"

说完上述话,她又补充道,"如果年轻的时候不争取,犹豫不前,等到有一天回过神都不知道自己错过了什么!耽误的岁月全部是自己的,不然等到你发现那些与你一起起步的人都成了你望尘莫及的人,那才叫绝望!"

确实,想做就做,否则在你犹豫彷徨的时段,别人可都在努力,等你反应过来,早已掉队!

—— 肆

不知多少人每天都在犹豫不决,也不知多少人在未来的大门前止步退缩……

只是,退缩到最后什么也不会拥有!迷茫带给你的只会是无休止的懊悔与痛苦!

为何你不放手一搏？有欲望，有渴望，有目标，为何要退缩不前？你必须勇敢踏出第一步！

第一步很难，但请你逼自己跨过这个坎！就好像我当年辞去第一份工作时一般，也曾犹豫迷茫，可当我下了决心，将第一份简历投出去，将辞职报告交上去，我的内心几乎是雀跃的！我终于可以不用被束缚，终于可以去从事自己喜欢的工作！

既然要改变，要去做，就必须逼迫自己踏出第一步！

伍

万事开头难，只要踏出第一步，后面的一切都会顺利许多。

可你若是再继续迷茫、彷徨下去，得到的永远不是你想要的，只会是跟对手拉开越来越大的差距！而你与对手之间拉开的差距，将会因为你的犹豫变成无法跨越的鸿沟！

是否想过几年之后的你身处何地？处于什么阶层，处于什么地位？

而我知道，不论你的目标是什么，你的憧憬如何，若你任由自己迷茫、彷徨下去，你将永远掉队！

你所谓的稳定、富足，

不过是因为见识太浅、人又太懒

―― 壹

许多人觉得人一辈子不论如何折腾都会回到原点，所以不如从一开始就不折腾，做一份一眼望到头的工作便可。

有一位同事便是这样一位"知足"的人，常把"知足常乐"挂在嘴边。表示自己对现状的满足，对未来的无期望，对人生的无欲望。

他每天上班都会玩玩手机，刷刷网页，不求有功但求无过地完成工作，只要不被开除，便觉得日子很安逸。

他对外面的世界丝毫不感兴趣，说："我觉得长沙最好，其他地方都不如长沙好。"

"你去其他城市看过吗？"我问。

他笑了笑，说："有什么好看的？我连省都没有出过。我就觉得长沙最好！难道我非要跟全国同年龄段的女同胞都谈过恋爱以后，才认定现在的女朋友最美？"

我当时便也无话可说。想起读大学时，有一位同学也曾如此说道："毕业后，我要回高密。我觉得山东很好。我不想去别的城市。"他也只是在山东省走过几个城市而已。

他们都不曾见识过祖国的大好河山，为何会有如此的"自信"？

___ 贰

并不是想鼓励大家旅游，而是我一直觉得，渴望去别的城市生活本身也是一种欲望。有欲望的人，都是对未来有展望的人，都是有一定追求的人。如果一个人缺乏欲望，他又能在事业上做出多大成绩呢？

我一直觉得欲望是个好东西！无欲无求的人，其实不存在，若是存在，又和行尸走肉有何差别呢？

有所求，才会有目标，才会努力奋斗。

把"知足常乐"挂在嘴边的人，他们不过是因为懒惰不愿意去追梦，不愿意去奋斗。追寻梦想，渴望拥有更好的生活，希望升职加薪，都是需要付出辛苦的。每一个成功的人，每一个仍在路上拼搏的人，都付出了许多无法言说的辛酸，没有哪个人能不付出就可以收获。

___叁

大学同学近日找我聊天，说到他转行之后的生活，十分兴奋。"你是不知道，我转行后，每天做梦都是嘴角带笑的！"

我笑了笑说："有这么夸张吗？转行这么开心？"

他毫不掩饰自己对程序员这个职业的热爱，"真的！而且越学习越有乐趣，发现有太多知识值得钻研。每一次跳槽，都是为了一个更好的开始。我很庆幸自己转行做了程序员，若是当时不是一意孤行选择这个，现在十有八九我会整天以泪洗面，哈哈。"

"你之前在重庆的工作多稳定呀！可能你这辈子都不用经历什么大风大浪。而且你家人都给你买好了房子……你究竟有啥不满意的？"我调侃他。

"如果我没有来北京，都不知道首都有多大，不知道北京的上班族是什么样。我可能老死在重庆，再也见识不到外面的世界。但是，你知道，我来这里，放弃稳定工作，追求自己渴望但充满荆棘的道路有多么兴奋！"他不理会我的调侃，仍沉浸在快乐之中。

"所以，你看你不是很拼命，才有了今天吗？转行本来就不是个简单的事，别人要的和你所拥有的完全不同……最开始那阵子，你还不是天天自我怀疑，经常陷入低谷。"我知道他的不容易，那阵子他和我说过，每天下班回家吃完饭，没空玩手机，没空看视频，只是按部就班地看书看书看书，直到自己实在扛不住了才上床睡觉。

他哈哈大笑，说："但是，你看我不还是熬过来了？毕竟我知道，如果留在重庆，我现在真的只有后悔，肯定不会像长辈们说的那样，衣食无忧，反而很可能会有心病。如今我有了更多的渴望，有了更高的目标！我是不会停下脚步的，不然还叫什么人生？"

是的，如果选择一时的安稳，可能真的日后都会活在愧悔中，无法原谅自己当初的胆怯，以致一辈子都不顺心。

——— 肆

说实话，一个人如何看待人生，真的是欲望的问题。

一直生活在农村的老人，可能对大都市没有任何欲望，因为，他们都不知道外面的世界究竟为何。所以耕地、放牛、种菜，成了他们唯一的生活。

但是作为当代的年轻人，这种思想是绝对不合适的！一眼望得到头的生活，给不了你真正的安稳，安于现状，你将来一定后悔！

若要改变现状，你必须拓展眼界，看看不同的世界，了解不同的人生，然后尽己所能拼搏奋斗！

伍

　　只满足过风平浪静的生活，这种思想本就不该存在于年轻人的脑海中！

　　你所说的稳定富足，在别人看来是可笑的！那不过是你无知慵懒的表现罢了！

　　年轻人就应该一往无前向前冲，不畏艰险！

　　此刻不冲击明天，更待何时？

PART 4

不跳出井底,你的世界永远只有井口那么大

坐井观天,永远见不到真正的天。你是否局限了自己,还把一切视作平常?

决定你成就大小的，
不仅仅是努力

____ 壹

国家开始大力支持科技创新，智能化开始渐渐进入大家的生活。机器人、无人工厂都开始陆陆续续出现，也产生了新的智能化产品产业链。

但是对于智能化，大家的看法并不一致。

有人说："智能化好啊！从此以后我就不需要做饭、洗衣、干家务了，都有机器人来代劳。过这样的日子不是相当惬意？"

有人说："智能化存在道德问题——把机器与人相等，到时候人该怎么办？"

有人说："这事别看现在这么热闹，其实没有什么进展的。放心吧，这几十年不可能有什么发展，还是好好过自己的生活吧。"

大家你一言我一语，却没有人说："智能化新方向，可以考虑往这个方向转型……"

大家似乎还沉浸在马云的网购世界，羡慕着别人的成绩，却丝毫不觉得摆在面前的便是千古机遇。

＿＿ 贰

眼界决定一个人的格局，而格局决定一个人的命运。

有许多人其实很努力，也属于不畏艰辛的人，只是，他们的努力没有一个方向。

"读万卷书，行万里路"，这句话不是鼓励大家旅游，是鼓励大家拓展眼界，增长见识。同一座城市，不同的人去了，有不同的体会与收获。同样去了海南，有人看到商机，有人觉得海南和长沙一样，有人觉得海南水果好，有人觉得海南风景美，诗情画意……这便体现了视角的差异，体现了思维的不同。

思维若是差了，你也不可能有什么大成绩，因为在你的眼里，你所做到的，就已经是最完美的事了。

＿＿ 叁

刚刚写作时认识一个朋友，她也是进入写作圈不久。她不是高才生，只是因为热爱文学而有了创作的勇气。她觉得，既然这么多人可以刊登文章在杂志上，可以出书，那么她也可以！

相信你也有过这样的体会：想事情容易，做事情难。同时身边还有不少人会怀疑你，会告诉你，你想做的事离你很远，而你必须要能看到方向，并且坚持突破一切艰难。

朋友便是这样过来的。

两年之后，网络连载、杂志都能看到她的文章，而她梦寐以求的小说出版，也即将成为现实。

———— 肆

很多时候，光是努力没有用。当你看不到方向时，你甚至不会向那个方向努力。你又怎么会有成就呢？

所以，首先你必须拓宽自己的眼界，提升自己的格局。多看书，多去外面看看世界，多了解成功人士的励志人生。要让自己的生活有多种可能性，而不是求安稳于一个"亘古不变"的地方。

当然，最重要的是要多用脑子。看书、旅游、与高层人员的商谈，若是不用脑子，等于浪费时间。

就好像我前面说的，去了同一个地方，不同的人有不同的体会与收获。哪怕是看同一部电影，有的人看到了新的方向，有的人觉得只是一部普普通通的电影。

这些小细节都体现出你的思维。此外，想要改变，你还需要多一些勇气。

多一些勇气，便也会多一些可能。要相信一切皆有可能！

伍

一个人的一生都掌握在自己手中。你的方向在哪,便决定你的结束点在哪。

有多高眼界,便能走多远。同样,有多少勇气,便能冲破多少包围着你的屏障!

决定你成就大小的,不仅仅是你的努力程度,更多的是你的思维方向!你所能看到的,所能想到的,都决定着你的未来!

别让狭隘的眼界局限你的生活,阻挠你的前进。

相信自己值得拥有更好的人生,可以创造更大的成就!

让你一直平庸下去的，是你的思维

____ 壹

世间有如此多的人，每个人对人生的追求都是不同的，有的人永无止境，而有的人还没有开始便觉得满足。

有个同事便是那种很容易满足的人，觉得当前很好，也不想去追求太多。她拿着一个月两千元左右的工资，而她的丈夫则已经无业在家许多年了。

她说："现在老人很好，小孩也很好，有吃有喝，我觉得真的挺好的，挺满足的。也不想追求什么了。"

她也不过三十出头罢了。我觉得这个年纪的人，应当觉得自己仍旧年轻，仍旧应该去闯荡一番。于是我问她："你还这么年轻，干吗不再找找出路？哪怕是去学一门手艺，也是好的啊！"

她摇了摇头："我都过三十了，上有老下有小，拖家带口，还折腾什么？日子过得还可以就行了。我就是个平凡人。"

―― 贰

人生就是这样，若是自己给自己画地为牢，就再也不看外面的世界了。

当你毫无兴趣了解外界时，便与世界脱轨了。

平庸是你自己选择的，是自己给自己贴上的标签，那么谁又能拯救你？你就好像坐井观天，对现状觉得满足，是因为你从来不曾看到大千世界。

没有任何因素可以限制你的发展，除了你自己！

―― 叁

笑笑就是一个大家眼中的普通女孩，大学学的是计算机专业。可是毕业从事相关工作一年后，发现自己不喜欢这个行业，而对画画的热情却一天天增长，以致越发不可收拾。

其实笑笑在读大学的时候便开始利用课余时间学习画画，并痴迷漫画，对二次元世界充满好奇。那时候不管是谁，只要和她谈论二次元人物，讨论漫画剧情，她都可以说上一整天，丝毫没有倦意。

毕业后工作的一年里，她也开始接触漫画行业，并且利用工作之余接一些活。刚开始当勾线，后来渐渐当上上色，最后当起了主笔。

这些成绩在他人看来，都觉得不可思议——不是科班出身，却能在漫画行业混得如鱼得水。

可笑笑仍旧不满足,她开始想要自己开一个漫画工作室。

朋友们听到她有这样的想法都劝她不要冒险——

"笑笑,这哪有那么容易!现在不是挺好的吗?干吗要辞职去全职画漫画?"

"笑笑,全职做这个风险太高了。"

"为什么要去冒险?你有多了解这个行业?"

…………

笑笑坚定想法,不理会朋友们的质疑。她辞掉稳当的工作,开始操劳漫画工作室的事。

当多数人质疑你的决定时,你不为所动也许显得固执,但是如果不敢冒险尝试,只是安于现状,那最后的结果是什么呢?很可能你会终身抱憾。

肆

资格的平庸从来不是阻止一个人前进的根本原因,而真正的根源是自己的思维。

要想摆脱这个思维,首先便要去放眼不一样的天空。只有相信自己不平庸,才可能创造不平凡的人生。

说到底,一切的一切还是自己的思维问题。而思维这个事,更多的还是靠自己。人最大的敌人从来不是别人,而是自己。

多接触一些正能量的人,多看让人思维开阔的正能量书籍。就好像电影《白日梦想家》里的男主人公一样,放眼去看不一样的生活,敢于放飞自我,去挑战一个又一个的不可能。最后,他不再是一个梦想家,而是一个敢于驰骋人生的非凡之人。

—— 伍

人生有一百万种可能,却唯独没有你认定平庸后的人生。因为那种人生,没有任何曲折,只有一条一眼望到头的直线。

生活本就因为曲线的存在而有魅力,只有直线的人生便也没有盼头。而未来何去何从,在你自己。

让你一直平庸的,不是环境,而是你自己那局限的思维!

你一直不上进,谁也没有办法让你奋斗!

请拒绝平庸,别再让自己困在狭小的思维中,虚度光阴!

之所以一事无成，是因为你缺乏这种思维

壹

经常听到一句话："没办法，我别无选择，我还能怎么样？"

但是，真的没有选择吗？

毕业那年，父母日夜盼我回长沙。拗不过他们的期盼，我离开了青岛，回到长沙。虽然长沙是省会城市，但对于学机械专业的我来说，青岛的就业机会更多。更何况，当时我想南下深圳。

当时，我也是如此说："我没有选择，我不想让父母难过。"

其实和我一样，当年选择回老家的人不在少数，选择离开大城市回到小城的也不在少数。

我问过他们："后悔吗？真的不想再去闯荡？"

朋友回复我——

"我真的不能走——家里有四个老人，都托付给我了。我走了，我爷爷、奶奶、外婆、外公怎么办？"

"现在再去想这个已经晚了。我都成家了，不可能再去闯荡了。"

"我已经不是当年的少年，没有资本了。现在一身全是房贷、车贷，早已没有了勇气。"

…………

但是，我知道我自己：我后悔。

贰

所有的别无选择，都是你自己所做的一种选择。从来没有真正的无奈，只有你的自我放弃罢了。

而这种做法真的是自毁前程——有多少事比当前的稳定更重要？又有多少事比吃饱喝足更让人向往？

阻碍你前进的，一直都是你自己的这种格局思维。当你有大的格局时，便不会被当前的一些蝇头小利，或者小稳当羁绊。所以说，你的路有多长，由你的格局决定。

而你所谓的理由其实都是可笑的，别把自己的失败归于家庭，更别强调自己的一事无成全是因为带孩子。这种说法，就更加明确了你是个loser!

只有平庸者才会将自己的不如意归结于其他因素。而事实上，能阻挡你的，只有你自己。

压力谁都有，家庭谁都有，可是有的人并没有因此而一事无成！只因为，在他们的内心深处，这些都是助力而不是阻碍。

──── 叁

有一位跟我关系很好的朋友将要南下广州了。她说，她也曾想过在长沙稳稳地过一辈子，可是日子每往前走一步，她越来越发现不可以这样。她要离开，她要去追寻年轻人应该有的梦想。

她学的是会计，毕业之后便进入一家大企业从事相关工作。在一般人看来，她的生活很好：工作像样，可以养活自己，偶尔企业还组织文娱活动。

但是一年前，她辞去了工作。

因为在辞职前的某一天，她忽然开始问自己，这样的生活究竟是不是自己想要的。最后得出的答案是：这不是她想要的生活。

于是，不顾家人反对，她辞去工作，开始学习新媒体。在学习的大半年里，她没有向家里要过一分钱，更没有理会家里人的质疑。

家里希望她去当老师或者公务员，做一份稳定的工作。但是，这与她的愿望相违背。于是家庭矛盾激化，一发不可收拾。

我听后问她:"没有想过妥协吗?或许你会过得更顺心点,少许多波折。"

她喝了一口奶茶,摇了摇头说:"怎么可能?这次我南下的决定不会动摇!不论我妈说什么,我都绝不回头!没有自己体会过,没有去追求过,我会后悔一辈子!我不想和我妈一样,一辈子抱怨生活不如意,却又甘心情愿接受这种不满意的生活。"

她的脸上写满坚定,写满斗志昂扬。我知道,她去意已决,我有些羡慕。

去年我辞去做了几乎三年的工作,找了一份不稳定的漫画编剧工作。今年年初又辞去工作,开始找寻自己渴望的工作。我开始明白:生活终究是在自己手中,不能任由这种"主权"失效!

肆

追求向上,这条路从来不会一帆风顺,可是如果不去或许真的一辈子都在叹息。

人容易被一些眼前的事羁绊,就好像那份我做了三年的工作。其实我一年前便想辞职,却一直没有勇气,甚至还宽慰自己,这样继续下去不也挺好吗?虽然钱不多,但是事也不多;虽然没有升职加薪,但是安逸安稳。

但是很快我便想狠狠地抽自己。

沉迷于当前,真的只会让你自己沦丧在这虚假的安逸之中。

最后，你连自己是谁都会忘记！

格局这个事，其实大家都知道，只是被迷惑，被遮挡，以至于看不清方向。

请你一定要看清楚，想清楚，你想要的是什么。

不要后悔，不要怀疑，坚定地向前走。

―― 伍

不是每个人都要成为马云才叫成功。但是，每个人都有自己的路可以走，有自己的山峰可以攀登！

不要让自己的格局将自己锁在目前的安逸之中，放开自己，去展望一个宽广的未来。幻想遨游在蔚蓝的天空，展翅飞出一片新天地！

你之所以一事无成，成为自己眼中的一个失败者，是因为你缺乏格局思维！

请记住，锁住你的是你自己！只有展翅飞翔，才能成就一番事业！

为什么你好心帮忙，别人却不买账

壹

有人自认为好心帮别人，却被别人恶言相向，以至于委屈不已。

亮亮就是这样的女孩。

同事请假半天，却又有一个很紧急的任务。对方便请求亮亮帮忙搞定一下，说反正不会出什么错误。亮亮想，帮人嘛，总是好事啊，便欣然答应。

可谁知道，就是这件小事，却让同事对亮亮没个好眼色。原来，亮亮把资料弄错了，导致出了很大的问题，领导骂了同事一顿。

于是同事没好气地对亮亮说道："谁让你自作主张？你知道什么？现在出了问题，领导骂我，你称心了！"

亮亮很委屈,说:"我只是帮你啊,你怎么这样?"

同事听了更是恼火,说:"帮我?有你这么帮我的吗?做不了就早说话!做不了还答应下来,这哪是帮我?这是害我!"

亮亮被同事说得越发委屈,止不住就哭了起来。

―― 贰

不难想象,亮亮内心的委屈难以得到平息,她会认为同事尖酸刻薄,而且"狗咬吕洞宾,不识好人心"。可是亮亮却不愿意反思自己。

当你去帮别人时,是否真的能帮上忙?尤其是当你帮忙出错之后,你是否真的思考过这其中缘由?

亮亮确实出于好心帮同事忙,可是同事的工作她并不熟悉,同事负责的资料她并不了解。这样,导致最后她好心办了错事。事情做错了,她却不反省,反而第一时间觉得冤枉……

这种思维是错的。很多时候好心办坏事,真的很可恨。因为明明把事情办砸了,还委屈得好像所有人都欺负自己。这样的表现没人会买账!

―― 叁

人更多的时候不能一根筋地好心帮别人忙,要适当转换思维,否则好心办了错事之后,自己委屈不说,还会招人恨。

王阳是全部门脑子最活的人,并且专业能力也很强,所以大家总是喜欢找他出谋划策。某一天,公司的实习生小薇向他寻求主意,却被他拒绝了。小薇十分不理解。

事后,有同事问王阳:"为什么不给她出个主意?"

王阳摇摇头说:"我要真的给她出主意,以后她会怨恨我的。她问的可是毕业设计的事。如果我给她出了主意,她的毕业设计出了任何问题,我都难逃其责……"

同事不解,又问:"这有什么好怪你的?肯定不会有什么问题的啊!"

"很多事,你给她说了,但是答辩交毕业作业的人是她自己。帮得了一时,不可能帮她到底。"王阳说。

其实王阳以前碰到过这样的事情,他尽己所能帮那个实习生,但是最后那个实习生反过来倒打一耙。当时王阳十分委屈,觉得自己好心帮人,反倒最后成了罪人。

于是他做自我分析。

他的确热心帮对方,热心得过了头,觉得自己的主意无比好,还直接上手将人家的文档修改了……自然对方最后把他当成毕业设计不出彩的"罪魁祸首"。

从那以后,王阳便吸取教训:帮忙是好事,但不能热心过头!

―― 肆

换位思考，当你做事时总有人在你边上指挥你，你是否觉得不舒服？尤其是当别人的指挥是瞎指挥，导致最后出现不可挽回的结果，你作何感想？

就好比，当你做饭时，如果总有人在一旁好心地告诉你，应该放什么调料……你又作何感想？

我们不是生活在外太空，周围全是人，每天都要与人打交道，有的亲近，有的疏远，可是无论和谁打交道，都要懂得换位思考。

我们没有资格要求别人如何做，但是我们有能力改变自己。你在斑马线上看到一个老奶奶在弯腰，你觉得太危险，于是将她快速带离。你却不知道她可能是在捡老伴送给她的结婚纪念礼物。

好心帮忙说出去总是好听的，乐于助人嘛，从小就被教育要如此。只是帮忙之前，也要设身处地为别人考虑，不要瞎帮忙。那样其实是帮倒忙！

―― 伍

换位思考这个事，其实也是一直在说的，早就不新鲜了，可是却总是做不好。

尤其是当你自认为自己干了一件天大好事却被骂时,你的委屈喷涌而出,甚至觉得别人无情、无理取闹。

当你看到电视剧中的人物好心办坏事时,你心中是否恨不得他赶紧消失?还会骂他蠢?

而当你好心帮忙,别人却不买账时,你就是那个蠢的人!因为你不懂得换位思考,永远只想着自己这一端!

若是仍旧不改,真是活该被骂!

你换了那么多工作，为什么还没成功

壹

有的人总是不能在一件事上专注，总是不断地换工作。

有一个朋友便是如此，工作四五年，她不知换了多少份工作。就在前阵子，她连着辞了两份工作，一份干了两三个星期，另一份干了不到一个月。

我问她："为什么辞了啊？不是挺好的吗？"

她回答说："让我写的东西，我不想写。还不如辞了。我还是喜欢自由自在，不喜欢被约束。"

我觉得挺惋惜，劝她："找一份工作不容易啊！一个人跑到北京……就这么辞了？那不是你以前梦寐以求的工作吗？怎么能这么快放弃？"

她摇摇头说:"这有啥?本来是抱着希望来的,结果就这样。"

她反反复复辞了许多工作,编辑、编剧都干过。还辗转在不同的城市,不能不说她很能闯,只是,一直没有在一份工作上付出百分之百精力。

——— 贰

做事要一心一意,三心二意是没有好结果的。不专注,又怎么能有成绩?

就好像你什么都懂一点皮毛,却没有深度研究过其中一个方面,到老你也只能忽悠人。为什么?因为你没有细究任何一个专业,没有一个知识点你是深入的。

有的人总是感慨:你看我懂得这么多,这么努力,为什么还没有一点起色?我都更换了这么多地方了,怎么就找不到一个好公司?

可是,朋友,你的注重点是不是错了?

并不是什么都懂你就是人才,也不是公司限制了你的发展,是因为你没能力。

说到底,是你自己从来没有钻研过一件事。于是给自己的失败找了诸多理由!不过是自我麻痹而已。

——— 叁

我以前的公司是做离心机的,而当时的老板从事研究离心机几十年。

真的一点也不夸张，当时的老板年近六十。他自从毕业后，便开始从事离心机方面的工作。从技术员到厂长，一直到创业自己当老板。时间过去了三十几年，而他在这一行业也就做了三十几年。

我在公司时，他对技术部门的技术问题，总能给出很多专业意见。

当我第一次为他写工作经历时，惊呆了。那时我才知道什么叫"一个人在一个领域从事三十多年"！

曾经听到老板与人聊天。客人问道："您在这一行从事很久了吧？"

老板笑了笑说："可不是嘛，从一毕业便一直在离心机领域，一天都没有离开过。"

客人感慨道："您真的很厉害，几十年如一日。能够如此专注一个领域，将它研究透。"

"其实还在学习啊，不断有新技术产生。更何况，我还是想挤掉一部分国外机器的占比，这样国内市场才能不被外国企业左右。"老板说到这里，眼里闪着光。

有一次，我忍不住在老板面前说出肺腑之言："您真厉害！在一个领域专注三十多年。三十多年，这么久，您持之以恒，真让人钦佩！"

老板笑了笑，没说话。

肆

有的人专注起来真的可怕，在一个领域深入再深入，钻研再钻研，真的值得敬佩！

可是反观如今年轻一代的我们，反而大都失去了深钻精研的精神，缺失了对工作、对事业的专注。

最近找工作，听到招聘者感慨："你们现在的年轻人啊，真的是辞职快、问题多。"

为什么有人总是难以专注一件事？是躁动的心吗？

我想是的。是心不够沉，不能跨越艰难坚持这一道坎。

不管是什么样的工作，哪怕是旅游体验师也有它的心酸与苦涩，但是一定要坚持。一定在一个领域专注坚守，而不是成为一个什么都不会的失败者！

伍

成功，说着容易，实现难！渴望吗？怎么能不渴望？若是不渴望，又怎么会换着不同的工作，又怎么会在不同的领域切换着自己？

你真的以为你只是没有找到合适的领域吗？

走马观花，永远无法得到精髓。就好像学功夫，只学了皮毛便觉得自己天下无敌，最后输了，却觉得是功夫不中用，而不承认是自己的问题。

若是不能直面自己的失败,专注做一件事,不论你换多少份工作,仍旧不会成功!

所以,请你直面自己,在一个领域钻研、深入,而不是广撒网以致最终一无所获!

PART 5

努力的人,才配得到优秀和美好的明天

你总是不想付出,却渴望最好的收获。你是不是太天真了?这世界根本不存在免费的午餐。

你不过想混口饭吃，

但现实偏偏不让你如意

壹

生活不易，谁都知道，只是并不是每个人都能意识到不易的原因究竟是什么。

前两天我出门逛超市正好遇上以前的高中同学，便问他："最近在哪儿高就？"

他讪讪地笑了笑说："谈什么高就，我就想找个能混口饭吃的地儿，但事与愿违，前几日刚刚被劝退，如今属于无业游民。"

我有点惊讶地问道："怎么被劝退了？你犯了大错？"

他无奈地摇摇头说："没有。老板可能就是觉得我能力不行，想找个能力强的。于是我就被劝退了……还是我自己辞的职。你说我只是想挣口饭吃，怎么就这么难？"

后来他又絮絮叨叨抱怨了很多。

我又联想到公司之前的一个同事,他刚进公司没多久,也是这种情况——工作不努力、不认真、频频出错,结果连试用期都没过,就被公司打发走了。

他还很委屈,埋怨公司不通情达理,不给他学习、成长的机会。

──── 贰

是啊,你只是想找份稳当的工作,有口饭吃就可以,为什么世界要如此狠心地对你?让你连一份工作都保不住?

你一定是这样想的,对吗?

但是,你是否想过,为何这世界要善待你这样一个不努力的人?

哦,你一定又会觉得,其他不努力的人都过得很顺心啊?为什么偏偏你倒霉?

可是你又错了,他们的努力只不过是你没有看到罢了!

这世间,努力不一定有百分之百的回报,但是不努力绝对什么都不会拥有!哪怕只是一份简单的工作,也不能让你拥有!

──── 叁

小文是公司新来的实习文员。由于初来乍到,老同事们总会安排一些杂事给小文。就是那种明明不应该是小文做的杂事,就好比复印文件、倒水、拖地，等等。

小文的本职工作总是被这些杂事影响，但是她并没有因此而抱怨。事实正好相反，小文将这些杂事做得无可挑剔，而领导安排给她的工作任务，她也是按时高质量完成。

比如，领导要小文将上一月份的销售报告整理出来，小文不仅整理了销售报告，还分析了市场行情，总结出了目前最适合的销售途径，主动向领导提供建议。

不仅如此，后来小文自觉地打扫卫生、烧水，对同事向她提出的跑腿要求，她总是来者不拒。

其实最初领导并不看好小文，觉得她专业不对口，也没有相关工作经验，也不是高才生……总觉得小文不行，过一个月后找个理由让她走就是了。没想到，小文如此努力，不仅自学，还总是追着老员工虚心地问东问西，还能整理分析出那么漂亮的销售报告。这让领导十分满意！再也没有动过要将小文打发走的念头，很快就让小文成了公司的正式员工。

同样，有一位朋友刚刚接触动漫编剧这一行时，几乎全心全意投身于工作之中，只因为她害怕自己掉队。

她说，别人午休的时候，她上网用心学习；别人下班相约逛街、聚餐的时候，她在图书馆捧读跟工作相关的书籍……她争分夺秒学习，只为了在公司能站稳脚跟！

我每每听到类似的故事，都不禁感慨。梦想是在有饭吃的前提下才能展开的，所以最初大家工作的原因都是为了那"一口饭"。只是，每个人对这"一口饭"的定义不同，才会有不同的人生故事。

肆

乐章是自己谱下的节奏，人生是自己刻下的印记。工作，本来也是看你对待它的态度。

我们都知道，这世界有许多的不如意。人生的坎坷不平，是无法避免的。我们也都知道，付出不代表收获，但是，不付出绝无收获！

混口饭吃，每个人都是混口饭吃，却有着不同的结局。为什么？因为每个人的态度不同。

要有一个良好的心态，爱工作、深入工作才是最重要的。其次，对待任何事都应该认真！

一份工作，不论是简单还是困难，都要为之付出努力！你的敷衍、草率让你失去它，又能怨谁。

伍

人生本就充满着苦涩，哪怕是拼命努力的人，都要经历波澜，更何况你呢？

若是不努力，敷衍了事，那么你失去这份混饭吃的工作，你是活该！不让你喝西北风，那些努力工作的人，又该何去何从？

若是可以什么都不干便能拥有财富，这是妄想！

人就应该脚踏实地，一步一个脚印！人生没有任何捷径，不要总想着可以混吃到老！

你不过是想混口饭吃而已，但是现实真残酷，让你如此波折，可这一切都是你的懒惰造成的！

你所谓的钱多事少离家近，

在别人看来就是一个笑话

____ 壹

有一次与朋友讨论未来，我说："未来应该是奋斗来的，若是没有目标与梦想，每天嫌苦嫌累，怕是这辈子一眼便到了头。"

他笑着说道："我没有啥追求，我最大的愿望便是躺在家里挣钱。"

认识他有一年多了，一直以为他是一个努力工作、热爱生活、享受美食的人，可是却在讨论未来时，窥到了他心底最深处的庸俗欲望。

每个人都配拥有梦想，只是他的这个梦想，真的属于白日梦。

____ 贰

如今抱有这样想法的并不只是他一个人，可这个想法，不论如何看，都那么好笑。

天上会掉馅饼吗？即使天上会掉馅饼，凭什么偏偏会砸中你？

若是只愿意花费最少的精力却盼着得到最大的回报，除非你含着金汤匙出生，否则，这样的好运凭什么落到你头上？

——— 叁

一位朋友，经常需要加班，忙碌的时候甚至一个月都没有休息日，可她却丝毫不觉得疲惫，从不抱怨。

我曾问她："不觉得累吗？"

她笑着说道："累啊，当然累！几乎每天都在连轴运转，怎么会不累？可是，为了自己的目标与梦想，我没有理由退缩。"

我说："可是，找一份事少的工作不是很好吗？现在大部分人不都喜欢事少离家近的工作吗？"

她盯着我笑而不语。良久，她缓缓说道："说句不该说的，若是在奋斗的年纪选择了做梦，我怕自己会活成一个笑话。"

我曾见证她的日夜奔波，也曾见证她拼命努力的模样。

她告诉我，最初她与其他实习生一样，没有什么特殊的关照，也没有什么重要的事，都是按点上下班，做一些杂事。可有一日，她看到曾经光辉的学长在这样的浑噩之中变得平庸而爱抱怨，她忽然意识到：人生不应该是这般。

让优秀成为一种习惯

于是她开始积极参与公司中自己能帮上忙的事项，连端茶倒水、扫地倒垃圾的工作，她都干得不亦乐乎。于是，一段时间以后，她从一个文员实习生，坐进了总经办。可即便这样，她也从不嫌事多，总是尽可能多做，还要在休息空当学习工作中需要的知识。她太害怕自己掉队，太害怕自己沦为平庸之辈。

以前，从家到公司需要坐一个半小时的公交，还需要倒一趟车，但我每天都很开心。在车上，我可以看到早晨朦胧的江景，也可以看到夜晚映射着摇曳灯光的江景。上下班路上的风景我总也看不够，丝毫没有把公司离家远当成不利条件。

而我身边不知有多少人，每日诉说着不满：或是嫌薪资太少，或是怨加班太多，又或是叹公司离家太远……我也曾问过抱怨的同事，为何不选择离开？为何不试着改变？

"薪资虽然少，可是不用加班啊。"

"加班虽然多，但是离家近啊。"

"这边都混熟了，事情又不多，公司虽然离家不近，但是没必要离开啊。"

…………

似乎大家都是这般，在抱怨之中妥协，在不满中放弃改变。

别人的高工资你羡慕吗？没错，你羡慕，不仅羡慕，而且相当渴望。只是你在咬牙奋斗与享受安逸之间，选择了后者。可是你却每日都做着一个梦，渴望拥有一份简单而工资又高的工作。于是你对现实充斥不满，将自己的生活过得颓然不前、晦暗无光。

____ 肆

这时请你逼迫自己努力前进，若是你心中有渴望便去努力实现。先从最小的事件开始，试着放宽心态，面对杂事、小事少一点抱怨与不满，多一份乐观与愉悦。

而后制定目标，将工作的细节认真仔细做好而不是敷衍了事。此时你的心态有了良好的改观，面对任何事件，你都能从容而愉悦应对。接下来，你可以尝试努力去学习一些自己感兴趣而又对工作有用的知识。

至于离家远近，我一直觉得完全没有必要在意。若是离家近，你的时间得到了节省。可若是离家远也无妨，路上的时间，你可以选择刷手机、睡觉，也可以利用碎片时间看书……这又何尝不是一件美事？

____ 伍

努力让你变得光芒四射，放弃了曾经的安逸与阴沉，让你变得乐观阳光。而此时，不仅夜空中有闪烁的星辰，你的眼睛里也有了浩瀚银河。

总是抱怨着上天对你的不公，诉说着自己的不幸，做着不可能的白日梦，归根到底，你不过是不愿改变，却又不满足现状！

殊不知，你所向往的钱多事少离家近，在别人眼里不过是一个笑话！

最怕你平庸至极,还安慰自己大多数人都这样

——— 壹

曾经跟一位大学同学讨论理想。我说:"年轻就应该追梦。"

他却说道:"可我只想稳定,做一份不会有太多变化的工作,不用操心过多的事。"而如今他确实做着一份没有太多变化的工作,不过似乎不太稳定。尤其随着年龄增长,他一天比一天担心自己被新人取代。

——— 贰

简·奥斯丁说过,有的人本领平庸,但做事尽心竭力,他们比那些本领出众但做事敷衍的人强。

可怕的不是你平庸,也不是你选择了一条不同的路,而在于你觉得大家都与你一样甘于平庸。当你沦落在岁月的河流里时,偏偏不觉醒,还认为你只不过是大众的一员。

可众人都如你一般吗?都不思进取,责怪这世界不公平吗?

为何要将自己的失败、沦落归责到外部环境?

叁

从开始写作我便知道自己不是最有天赋的那一个,但我一直相信,努力便会有回报。

当初写第一本书时,我还是个仅仅发表过一篇杂志文章的小白。我太清楚自己的资质很低,所以知道自己必须努力。

那时候我白天在公司上班,晚上回家便找资料熬夜将样文与目录做出来。然而样文却没能通过出版社编辑审核,需要大改。对此,我没有退缩,更加认真地熬夜将样文重写。

我们总说机会,但很多时候机会只有你准备好了,才是机会,否则不过是昙花一现。从内心深处我便不甘于平庸,也不愿意因为自己并不突出的能力,导致梦想破碎。于是,我争分夺秒地努力,终于拿下第一份出版合同。于我而言这是开始,不是结束。

也有朋友问我:"你白天上班,晚上回家写稿子,不累吗?"

我说道:"当然累啊,可是人生那么长,总该做点什么啊。

不怕自己资质平庸，只怕自己不努力而错失机遇。"

身边有一个朋友，曾经因为跟朋友一起去游泳，却被对方嘲笑游泳技术太差，而陡生斗志，通过大量训练提升游泳技术。如今他已经是一名游泳教练。

只要你努力，有着明确的方向，督促自己前进，你便不会平庸。

____ 肆

其实平庸说到底还是人内心的平庸，正如爱默生所说，庸才之所以平庸就是因为他们的思想愚昧而固执。

资质的平庸是可以用后期的努力来克服的，但是心灵上的平庸却是真的平庸，尤其是当你从内心深处觉得别人也与你一般时。不仅如此，你还以大家都这般来作为支持自己平庸下去的借口。

先解决自己内心的平庸，让思维丰富起来。拒绝一切借口，踏踏实实做好每一件事。不要怀疑努力不出结果，该来的一切都会来。机会一定会在最适宜的时候来到你的身边，只是那时的你不能再是平庸的你。

抛开那些平庸，让自己从心态上摆脱平庸的束缚。

____ 伍

或许你真的是资质平庸，又或是心态上的认命。无论是哪一种，请你改变心态!

放眼身边的人，每一个人都精神抖擞地朝自己的目标努力，你又怎么能觉得大家都在随波逐流地甘于平庸呢？

这世间最可怕的，便是安之若素地将所有人归为平庸之人以安慰自己。无论如何，请你摆脱这种错误想法，张开双臂去拥抱一个光辉灿烂的未来！

不努力走上山顶，

你永远不知道什么是好风光

____ 壹

贝贝周末总是窝在房间里看书，小西对此总是不以为然，甚至还会嘲讽贝贝："贝贝，你这样只知道看书有什么意思？还不如多出去玩玩，看看韩剧……"

贝贝不在意小西的嘲讽，淡淡地回应道："习惯了，我就是喜欢看书。"

小西继续发表意见："我觉得你有看书的时间，还不如出去逛街买些漂亮衣服，学学化妆，然后找个男朋友。你就知道看书，又能得到什么？你这么不出去跟人交往，到时候'剩'在家里，可就不好办了。"

小西便是那种全然不愿意学习，工作上也不愿意付出努力的人。

贝贝又回应小西说:"你见过大企业的工作环境吗?我渴望进入那样的百强企业。"

"没见过。和我们的公司有什么区别?这也可以当目标?"小西不以为然。

这就好像没见过世界的人,鄙视因为见过世界而不断努力的人一样。

——— 贰

有些人,因为没有见过山上的风景,而嘲笑不懈攀登高峰的人。

记得语文课本里《在山的那边》中有一句:"在山的那边,依然是山。"可是若是没有登顶,翻越一座又一座的山,你又如何知道山的那边是什么?

若是你不曾看过山顶的风景,又凭什么看不起追梦的人呢?

人啊,总是被眼界压低在一个层次。若是不能超越,便不会有上来的一日。最后忘却了曾经自己也有一颗上进的心。

奋斗这个事,谁也帮不了你,唯一可以帮你的只有你自己。

——— 叁

考研对于很多人来说都不陌生,它就好像第二次高考一样。

大学期间的一位室友很爱学习,早早就准备考研,但是第一次考研失利。对此,她很是难过,也很伤感。伤感的另一层理由是:男朋友考上了,她不得不跟他分隔两地。

大家都劝她说:"去就业吧,没考上就算了。"她摇着头说:"我不能就此放弃。我再考一年。我想走的路不能就这样断了。"

大家又劝:"哪有毕业了还用家里的钱去考研的?还有一年呢,太浪费了!"

她只是坚定着眼神,十分倔强地说道:"我不要家里一分钱。我自己一边挣钱,一边考研。我想去看那里的风景,不能就此被打败!"

这一年,她不顾外面的流言蜚语,不顾世人的不解,一边在公司上班,一边下班后回家熬夜复习。

终于她的艰辛换回了收获。一年之后,大连理工大学的研究生入学通知书到手!她终于实现了人生的第一步。那一天,她拿着通知书的手是颤抖着的。

我也问过她:"当初不担心自己那样的决定吗?毕竟用一年的时间忙考研,而结果却无从预知呀!"

她满脸笑容回应道:"我只知道自己努力了,我的人生目标就实现了第一步。至于别的,我不在乎。"

如今,她仍然在深造,不断地追求着新目标。

── 肆

有人在名企努力地工作，有人在小公司混吃等死。有人不甘平庸一步一步向前走，有人坐在电脑前浏览网页混日子。

人生是自己的，你有它的遥控器，可以决定它的去向。山上是什么样的风景，只有你登高之后才会知晓。若是一直在山脚，不行动，只想象，那只是白日做梦。

梦大家都会做，可是下定决心去实现梦想的人很少。当你把梦变成现实，你的人生才会与众不同。就如同电影《白日梦想家》中男主人公敢于为了那一张照片翻山越岭去寻找大摄影师，便体现了一种为实现梦想不断努力、不断挑战自我的精神。

也正是如此，他在这个过程中，一次又一次打开自己新世界的大门。他看到了不同的风景，遭遇了意想不到的故事，就此他便不再是从前的白日梦患者。

── 伍

"努力"这个词，真的避免不了出现在任何一本励志的书中，可这也是我们一定要坚定的信念。

敢于去探险、去挖掘、去攀爬，你才会迎来不一样的人生。风光无限好，若是你见不到，好或不好，其实与你无关，你也永远不会知晓。

人生便应该是如此,应该努力向上不断攀爬。永远在底层,你便永远见不到光彩。

不努力走上山顶,你便永远无法领略璀璨的风光!

或许会伤痕累累，

也要逼着自己出类拔萃

壹

奋斗太累、太苦，要承受别人不用承受的压力与痛苦，于是有人无法坚持，或是望而却步。

以前有个同事看到现在消防安全是个很吃香的热点，便在网上买了几百元钱的书，开始报考消防安全员。

白天的工作越来越忙，甚至还要加班到深夜。使得他学习的路越来越艰难，每天深夜打开书本便已疲惫不堪。

后来考试期过了，我问他："怎么样，证拿到手了吗？"

他摇了摇头说："太累了，实在没时间学习。我根本没有考……"

我觉得疑惑："你不是当时很坚定吗？怎么就放弃了？"

他皱着眉头说："你又不是不知道，我这几个月天天加班，哪有时间看书……我要是再熬夜，怕会猝死啊！"

一个人不想努力的时候，什么都可以成为理由。

____ 贰

你总会给自己寻找许多的理由，甚至不断暗示自己，那就是事实。可是，那真的是事实吗？

有时候你还会一边渴望向前，一边贪图暂时的欢愉，最后一边自责一边沉迷短暂的安逸。机遇，便在这样的情景中与你擦身而过。

当看到别人扶摇直上，自己内心是由羡慕到嫉妒。你是多么渴望登上高楼望远，只是唯独你承受不了那些伤痛。有的人能登上山顶，是经过了流血流汗。他们遍体鳞伤，只为了让自己脱颖而出。这才有了我们看到的他展示给外界的那份荣光！

若是害怕吃苦、受伤，便不可能登上高处！也没有出类拔萃的机会。因为你不是那颗闪光的金子！你不过是一个扶不起的阿斗，永远没有光明的一天。

害怕辛酸的人，不愿艰苦付出的人，怎么可能成为优秀的人？

____ 叁

朋友高考时发挥失常，只考上了二本。但是她没有因此而认命，每个假期都去大银行实习，不断积累实习经验。

还一直准备着考研：别人在睡觉，她在背书；别人在刷剧，她在做题。总之，大家在玩的时候，她在不断地学习。因为她告诉自己，这一次，绝对不允许输！再难过，再受伤也要拼搏一把。

最后她如愿去上海读研，可仍旧觉得不够。于是她又一边上课，一边实习，一边考证。

当然不会全是成功。考证没有考过，她把自己关在屋子里哭了一天。再后来，实习的单位找了个理由将她赶走。心中满是伤痕，但是这丝毫不能阻挠她前进的步伐。

研究生毕业这年，她一边准备毕业，一边再次考证，一边参加公务员考试。

我看到她一路走来如此跌宕起伏，很是心疼，问她："要不要先休息休息，不要这么拼？"

她摇摇头说："不可以！是很难，但是我依然要去挑战！我这一路的确跌跌撞撞，弄得满是伤痕。可是你见过哪条成功的路上不是荆棘遍布？"

我笑了笑感慨是自己想太多，就对她说："你说得对，这世间唯一没有阻力的行为便是直线下降。只有坠落不费吹灰之力，因为有自由落体嘛！"

她忽然笑了起来，说："我觉得，只有我做到尽可能的优秀，我才会成功！我要用尽全力去做到优秀，不然这一生怕是太浪费……"

是啊，人间来一趟，若是都不曾奋斗过，你真的不后悔吗？

——— 肆

每一个他人眼里的"别人家的孩子"，都不是天生优秀的！在你看不到的背后，他们不知道受过多少挫折，承受过多少你所无法理解的沉重！

当你在外玩耍时，他们可能正在背着你完全不懂的书；当你看着电视剧感叹时，他们可能已经为了一首曲子将手都练僵硬；当你称赞一部小说写得很棒时，可能他们已经被编辑退稿多次。

这就是人生，不同的人有着不同的生活。若是害怕，这辈子就真的会平淡如水！

要想扶摇直上成为那"人上人"，不吃这苦中苦，又如何能独占鳌头？

不经历风雨，彩虹永远不会得见！

所以，若是想成为与别人不一样的人，便要去承受他人无法忍受的伤痛！

——— 伍

不要总是关注他人的辉煌，要多看看对方背后的辛酸……

俗话说，"台上十分钟，台下十年功"。一切都不是一朝一夕，自然天成，需要你付出成千上万的努力，负担着你所无法想象的艰辛,才能练就最后人们所看到的光辉。

这一路,或许会伤痕累累,但是,就算是逼也要让自己出类拔萃!

若是不能高高站在云端,你的人生便永远没有光彩。努力的人,"上帝"总不会亏待他,这是一定的!

请不要犹豫,不要彷徨,奋进吧!

今天受的苦，

必将照亮你未来的每一步

___ 壹

小黄是个心中有目标的人，只是少了吃苦的能力。

他与朋友一起合伙创业，却从来不愿意多付出一点。一起做事，他总是充当那个指挥的角色，自己却不愿多动脑动手，似乎一点苦便会让他万劫不复。

这一次，他与朋友一起出去谈合作。约好了早上九点，却让朋友等到了九点半。一上车便说自己昨夜想了太多事情，没有睡好，所以才会迟到，希望得到原谅。

可是到了需要说出自己的想法时，他却闭口不言。

这还能说明什么？不过是他什么都没有想，迟到只是因为贪图被窝的温暖罢了。而且，他想充当领导的角色，却又不想做领导该做的事；他想创业，却又不愿意承担创业的苦，只想收获创业的收益。

这天下没有那般好事，与这类人共事的人也一定会被耗尽脾气。

____ 贰

有太多的人渴望天上掉馅饼，且那个馅饼正好砸中自己，自己什么也不用干，便能成为亿万富翁，一辈子不愁吃不愁喝！

说来可笑，这样的想法简直是白日梦。

你付出的每一滴汗水，都会化作一颗种子，到了收获的季节便会结果。你闯过的每一个坎坷，都会成为你飞上云霄的梯子。

若你一点苦都不愿意忍受，收获便不会属于你。而你所谓的梦想与目标，也不过是一个笑话。你连努力都不知道，又能有什么作为？

逃避责任，避开所有的苦难，说到底你不过是一个懦夫！只有胆小鬼，才会害怕吃苦，只有对前程毫无想法的人才会半途而废。

世界上通向光明的路从来不会一帆风顺！这是你必须要铭记的！

____ 叁

高中同桌是个1995年出生的属猪的女孩，比我们那一届的同学小。但是努力的人，是不会受任何外界因素干扰的。即便她年纪小，学习成绩也始终名列前茅。

高中毕业后，我们几乎就断了联系。直到去年，我的新书上市，我告诉她，我在书中提到了她，这才有了联系。

也正是那时，我才晓得当时她正在美国做交换生。我不禁感叹道："哇，那你很厉害啊！不仅考研，还出国做了交换生！"

她却发了一个苦笑的表情，回复我："其实，哪有那么容易啊。以前觉得我拼尽全力也要出国当交换生，现在来了才知道，要想这一年做到优秀，不是件容易的事。"

她叹了口气继续说道，"你也知道我口语不太好，出国前我便很努力地练习过，但是出国后才发现，我的英语完全不够用。而专业知识，我需要补的更多……"

经过一番交流，我不自觉地更加敬佩她，因为她活得很励志。

每天清晨，她便会起床跑步、练习英语，白天还会找人不厌其烦地学习口语。除此便泡在图书馆里看书学习，不断地想赶上进度。她把每天睡觉的时间压缩到5个小时。

"有没有想过放弃？"

她回复我："虽然很辛苦，但是我没有想过放弃。每一个机会都是我用努力换来的，我要是知难而退，岂不是白费了曾经许多年的付出？更何况，我知道今日我的付出，明日必将收获更多！有那么光明的前景，我干吗要放弃？"

肆

当然啊，前途那么光明，怎么会为了一点苦就放弃！

其实说到底，决定你能否坚持的，还是你内心深处意志的坚定程度，是你对那个目标的渴望程度。

当你很饿时，不论多么艰难，你一定会想尽办法让自己吃饱。即便是需要经历风吹日晒，走过茫茫无尽的沙漠，你也会拼尽全力。因为你的需求很明确，很坚定，所以再苦再累都能坚持，都会屹立不倒！

同样，面对你的目标，你要坚定。你要知道，风雨与彩虹同行，痛苦与快乐并肩！

四平八稳达到的目标，你也会怀疑它的真实。因为你也知道，这世间从来没有不费力的好事！只是轮到自己，你开始怕苦，开始心疼自己，开始懒惰！

只有战胜自己的心魔，你才敢"走四方"！

伍

每一个金灿灿光环身后，都有无数个日夜奋斗的身影，没有任何一笔收获是白来的。

而你的人生在你自己的手中，你若是想要它光辉亮丽，它便光辉亮丽；你若是想要它黯淡无光，它便黯淡无光！一切都由你决定,在你的掌控中。

今日你所受的苦和累,必将成为你未来的光亮!

你未来的每一步,都是你今日所付出的努力化成的。这便是,今日的所作所为,是明日的收获!

今日你努力拼搏,明日你自然拥有光亮前程!

PART 6

有多大的胸怀，
才能成就多大的事业

别总怪同事与你相处不和谐，总说是别人的心机伤害了单纯的你。为什么你不能试着改变自己？跟人愉快相处也是一种能力。

与你不喜欢的人和谐相处，是一种能力

——壹

人非圣贤，谁能没有几个讨厌的人呢？想来也是不可能，无论脾气再怎么好的人，总会有不喜欢的人。只是，如何与不喜欢的人相处，便是我们可以选择、可以改变的。

这一天，小芸的室友小吉一回到家，便开始抱怨公司同事。"天哪！你不知道我们公司那个龙小姐，真的是不能再讨厌了！"

小芸皱了皱眉头问道："怎么了？她又招惹你了？"

小吉说道："我现在是听到她的声音就觉得恶心！你说一个人怎么能那么讨厌？！结果，今天领导分组让我和她一组！我的妈呀！她那性格，那做事风格，我早就受够了！"

"领导安排的嘛，你还是应该跟她好好相处，把项目做好，不要太情绪化。不然有你好受的！"小芸听小吉抱怨同事也不是一天两天了，早就不胜其烦了。

"真的要疯了，和这种人怎么合作？领导估计是要我去死……这根本就没办法解决。今天我试着去和她商讨后续计划，她甩脸子给我看，要我自己看着办……你说这是什么人啊！"小吉越说越激动。

力的作用是相互的，其实你讨厌的人，可能也同样讨厌你。

贰

说句不好听的，你嫌弃一个你讨厌的人的样子，也很招人讨厌！

可怕吗？当然可怕，可这也是事实。

世界上的人这么多，你做不到让所有人喜欢，同样也没有任何人可以做到。总有人不喜欢你，因为每个人都有缺点，谁都不是完美无缺的。但是，全世界有那么多你不喜欢的人，你都要一个一个去讨厌吗？

抱怨解决不了任何问题，不过是让你自己深陷一个旋涡罢了。

面对不喜欢的人，你摆脸色，或是对别人很不耐烦，其实对方也会感受到的！当你不喜欢对方时，很有可能对方也不喜欢你！

叁

玉芳是我见过待人最温和的人，可以说对每个人都很礼貌，绝不会随便跟人生气。

我也是一次偶然机会才知道，她其实并不喜欢市场部平姐。

市场部的平姐是个极其八卦、老爱嚼舌根，还有点智商跟不上的人，但是却和老板的关系很好，所以经常目中无人。公司中不喜欢她的人大有人在，我也是其中之一，所以见到与她有关的事都会皱皱眉头，想安排在后面。

那次，正巧玉芳看到我和平姐有点小矛盾，便安慰我说："其实你没必要和她生气。生气说到底还是伤你自己，何必呢？"

我看向玉芳，叹口气说："玉芳，我感觉你真的没有脾气，性格好到让我羡慕不已。"

玉芳却摇摇头笑了笑说："其实，我也不喜欢她。说句不好听的，她这样，就是想喜欢也喜欢不起来啊！"

我吃惊地看着玉芳："哈哈哈，原来你也有不喜欢的人！我一直以为你喜欢所有人，因为你对谁都客气，完全察觉不出你有任何不喜欢。"

玉芳说："我能力没有那么强，只能让我的胸怀尽可能地宽广。对于一个你不喜欢的人，背后生他的气，他也感觉不到，你又何必？不喜欢就除了公事不接触呗，接触的时候惜字如金、'速战速决'呗，干吗要让自己不愉快？"

我似懂非懂地点点头说:"说的很有道理啊……确实,我生气又不能把她怎么样,又何必呢?"

肆

有些人确实很让人讨厌,但是讨厌,你就一定要表现出来吗?不一定,对不对?

首先,人无完人,再差的人也会有优点。多看看对方的优点。不用去喜欢这个人,但也不用讨厌她到咬牙切齿。

其次,在私,你可以与她毫无关联;在公,你便要尽量以礼相待。其实越是不喜欢的人,越是要以礼相待。这样才能体现出你的胸怀。

最后,当然是不要把情绪带进交流之中。何必拿别人的过错来惩罚自己呢?她与你非亲非故,不喜欢,少接触便是,又能有怎么样的血海深仇呢?所以何必总是针对她,与她处处针锋相对呢?

伍

能和不喜欢的人和谐相处,才是一种本事。而这种本事,能带给你的太多。

与你喜欢的人交流融洽,那叫正常;与你讨厌的人谈天说地,才叫气量。气量小的人,活得累,也没有什么未来。每天都在一些小事上斤斤计较，又能有什么作为？

更何况，那份不愉快是你自己强行给自己的！而因此将自己变成一个讨厌的人，那更是赔了夫人又折兵！

做人平和一点，生活就会快乐一点。一个你不喜欢的人给你的气愤，说到底是你自找的！

学会爱你的敌人，你才能看清自己

___壹

从小便有小寓言告诉我们，要爱自己的敌人，不要讨厌自己的对手。可是有些人几十年仍旧没有学会。

下班一回到家，小路便把皮包扔在沙发上，吓到了厨房正在做饭的男朋友。

男朋友探个头出来问小路："怎么了这是？"

"真是气死我了！还不是那个该死的王玉！真是处处和我针锋相对，要把我为难死！"小路气鼓鼓地坐在沙发上开始大吐苦水。

大致内容便是小路觉得王玉是她的敌人，处处　　到手的鸽子又飞了……

"真的，每次我的项目她都要插一脚。我思，也不知道是不是被灌了迷魂汤，居然处处依手中把项目抢走了！而且是又一次，也肯定不是最后一次！真的是要被她气死！"

男朋友不知道该说什么好，一桌子好菜，都不敢动筷子，只好等着小路消气。

——— 贰

人总是在遇事的时候喜欢将一切的问题推到别人身上，却从不想自己的问题。

失败与对手的存在没有关系，对手能够完胜你还是因你不够强。王玉能从小路手中将项目抢走，一定是王玉的方案更好。一个公司不会无缘无故更换项目负责人，肯定是有原因的。

哪怕说句不好听的，就算王玉走了后门，这后门也不是谁都可以随便走。因为如果没有能力，就算走了后门又如何？

很多时候，对手的出现其实能帮助你进步，但是你如果一直处于埋怨的状态，自然什么也学不到！到最后什么都输掉。

对手就好像一面"照妖镜"，能照出你身上的一切问题，若是可以借此完善提升自己，便会在与对手相互竞争、相互协助之下，实现共赢。

——— 叁

同一部门的小张与小李是两个竞争者，分别管理着一个组。

而每出现一个项目，领导便会要求两组都做出一份方案，最后择优采纳。这样的方式，使得部门的成绩节节提升。

以前还有人说过部门经理："你这样弄两个组形成对立的关系，会不会让情况更加差？到最后窝里斗啊？"

经理当时便笑了笑："放心，我的人才不会做窝里斗这样的傻事，一定会相互扶持、共同进步。"

而事实上的确如此。小张与小李在公司是竞争关系，在项目的事上谁也不让谁，都渴望用自己的能力来取得项目，但谁也不会瞧不起谁，始终光明正大地竞争。

私下，两人还是好朋友，能一起逛街、喝咖啡、赏月饮酒的那种。

用她们的话说便是，最了解我的人正是对方。为了赢对方，都会将彼此研究一遍。而每一次竞争的结果也不是一成不变的，总有反超。这让经理甚是欣慰。

小张曾说过："以前我的方案总是缺乏细致的考虑，但是小李的方案总是可以面面俱到。于是我便研究学习，观察她是如何做到的。分析她的方案，再对比自己的，一条一条地赶上。我珍惜、敬重自己的对手，是她让我像今天这样，能够独当一面。"

而小李也表示："刚开始，我很不喜欢她，觉得这样的人怎么能做我的对手？但是很快我在一次又一次的竞争之中发现，她的心态实在太好，而且自我学习能力很强，导致我第三次便输给了她。但我心服口服。我们算是不打不相识。"

要想在事业、生活中有所突破，对手是一味推力剂。因为对手的存在，会让你变得越来越强。

___ 肆

遇强则强，遇弱则弱，这个道理在比赛场上最是明显，最是直白。

与强者分到一组的运动员，往往可以超常发挥，突破自己的纪录。这便是对手的力量，因为对手强，所以你也拼尽全力，不留余力地冲刺。

生活中也一样，若是你将对手视为仇人，视为讨厌的人，那么你便错过了一次凤凰涅槃的机会。而你若是改变心态，将对手视为一面镜子，照出自己的种种不足，从而改进，那么你将会超越自己。

其实大家都知道，一个好的对手能带给你比闭关自学多太多的东西。对手给你的竞争，是别人所无法给你的。所以应该放松心态，好好体会竞争者带给你的学习机会。

___ 伍

我们都知道周瑜与诸葛亮的故事，那句"既生瑜，何生亮"碎了多少人的心。

可是你是否想过，若是两者其中一个不存在，那么另一个也不会有这样的大作为。竞争是相辅相成的,不是两败俱伤的。因为知道对手强,你才会用尽毕生所学去击败他。也正是在这个过程中,你超越了原本的自己,有了一次大的提升。

其实就好像"成也萧何,败也萧何"一样,这样的对手关系,更多的是一面镜子,照出彼此的闪光点,以及彼此的弱点!

学会爱你的敌人,你才能看清自己,并提升自己!

原谅那些曾经伤害过你的人吧

壹

小玲的领导说话刻薄难听是出了名的。而这一日,仅仅因为小玲报表上填错了几个数字,便开始大发雷霆,说了许多让人不堪入耳的话。

大致说小玲没有一点用,白吃了几十年的饭,什么都做不好。诸如此类贬低小玲人格的话,让小玲很是受伤。

小玲在家是父母的掌中宝,而在这里却被骂成这样,这让她十分难以接受。之后她情绪失控,做事总是颠三倒四,对领导、对公司还有了畏惧。而这些导致她在工作中出错的概率越来越高,领导骂她的话便越来越难听。

如此恶性循环,最后小玲患上了抑郁症,对领导又怕又恨,甚至开始不能与人正常交流。只因为被骂得太难听,而难以释怀,让她一步步沦陷在黑暗之中。

有时候,被伤害之后,深深印记在心中对自己并没有太多好处,可能稍有不慎便堕入深渊无法自拔。

—— 贰

每个人在成长过程中,都会被伤害。无论是职场还是读书时代,被伤害总是不可避免。只是被伤害的程度有轻有重,而每个人的承受能力也不同罢了。

沉浸在这种伤害带来的负面情绪中,当然是不好的。若是从此沉浸在其中,你的人生便毁了。不论是恨还是畏惧,或是患上抑郁症,等等,都可能影响你一生。

恨意不会让你从此奋进,只会让你沦落为仇恨的奴隶,再也找不到自己。不知多少人因为被伤害而破罐子破摔,从此毁了自己的人生。

当你沉陷在那种负面情绪之中时,你反过头想想,你的仇恨、你的惧怕、你的放不下,会让对方得到什么?仔细想想,便可知道,对方的生活仍旧在原来的轨道上,并不会因此而偏离轨道。

清醒一点,受过的伤补不回来,继续沉陷只会让你第二次受伤!

—— 叁

"渣男"这个词,在当今社会早已不陌生。朋友便和我说过一起让人大跌眼镜的"渣男事迹",而故事中的女生小迪也真的很励志。

小迪与男生的相遇是在一个生日派对上,两人聊得十分投机。因为是朋友的派对,便一时喝多了些。小迪的第一次便这样被男生夺去。

这样的伤害对于一个女生来说真的可以说是致命的,但是小迪并没有因此而自怨自艾沉浸在痛苦之中,而是与男生展开了一场恋爱——至少从表面上来说也算是一种结缘的方式。

但是,渣男就是渣男,不会有改变。没过多久,小迪便与朋友说,那个男生居然出轨了他的前女友。

朋友很担心小迪,说:"这个事,我都不知该如何安慰你了,你还好吗?"

小迪笑了笑,点点头说:"我很好。本来我还抱着幻想,现在彻底清醒。我觉得挺好。"

朋友诧异地看着她:"你不是在说反话吧?你真的不恨他?"

小迪很真诚地摇摇头:"我真的不恨他,没有骗你。我想明白了,与其恨他,不如放下。吃一堑长一智,我不能因为他的伤害而放弃自己,那不明智。我的人生还很长,因此沉浸在仇恨中,我会失去自己。至少我学会了从此以后擦亮眼睛,不再做一个睁眼的瞎子。"

朋友和我说的时候,内心深处十分佩服小迪,她说:"这样的遭遇,她居然可以这样潇洒地放下,我真的很意外。"

是啊,很意外,可是不放下又能如何?一辈子放不下这件事,而失去遇见真爱的机会?而丧失自己奔向梦想的道路?那不值当。

肆

米拉日巴尊者曾说:"原谅那些伤害你的人,他们冒着下地狱的危险,来成就你。所以,谅解并用慈悲心去祝福他们,因为即便过错是别人的,但业障一定是自己的。"

如今的人都很脆弱,在受到伤害之后,要么想要自杀,要么想要报复。可是,你那些所谓的报复能给对方带去什么?

如果他犯了法,必定有法律制裁。可是如果他没有犯法,只是伤害了你,你再怎么揪着不放,也不可以采取违法手段报复他。那样毁掉的是你的一生,是你原本光辉灿烂的一生。

放下,只是放下那份执念与仇恨,那份阻挡你继续人生的情绪,并不是让你将这件事遗忘干净,当作不曾发生!

历史一定要铭记,但你也一定要放下。只因为你的人生还有很长的路,不能因此而停滞不前!

"报复"的方式有许多种,比如让自己活出光彩,活出自我,成为让他遥不可及的人!

这比起你在内心恨他、怨他要来得值当,来得精彩!

伍

人的一辈子会遇见许多人，经历许多事。如果每一件事都去耿耿于怀，都在心中留下仇恨，最后仇恨的只会是你自己。

你将一事无成，只沉浸在痛苦仇恨之中。我想这样的人生，并不是你想要的……

原谅那些曾经伤害过你的人，也是一种豁达！

人的心胸不应该被负面情绪包围，你要知道，你的伤口始终不能愈合，伤害你的人决不会可怜你，反而会笑你！

不要吝惜你的赞美，欣赏别人是一种能力

壹

维维是出了名的"毒舌"，总是喜欢说反语。就好比有一次，同事的项目获得了很大的成功，明明维维的内心也觉得同事很厉害，想要赞美他，可是出口却是："切，就这成绩也值得你们大摆庆功宴？真的是没出息啊！"

此话一出，本来在欢呼雀跃的几人瞬间尴尬写满脸上。

另外有一次，同事穿了一条新裙子，几个人围在一起纷纷夸裙子好看。可是维维凑过去，又是一盆冷水泼下去："这裙子一看就是地摊货，就你这身材穿着真的是不堪入目！"

再或者同事新买了一个包包，刻意避开维维就是为了避免听到那些难听的话。没想到却仍旧是冤家路窄地被维维看到了。

果然维维出口便是："你什么品味啊？拿着个高仿当真货，

你真是可笑！"

话是说给别人听的，如此让人难堪，难道不伤自己吗？

——— 贰

有人把"毒舌"当作直言不讳，可是不论任何场合，只想着贬低他人，又让别人如何接受自己？

不要把"毒舌"当成心直口快好吗？你不过是给自己找了一个完美的理由，但实在无法说服任何人！

承认吧，你就是缺乏一个宽广的胸怀，还用此当借口去伤害别人，最后再说上一句："我也是实话实说，你别放在心上。"

可是你让听者如何不记住你所说的话？好听的话或许没有那么容易记住，但是刺耳的话语总是让人无法释怀。

——— 叁

每个公司都有那么一两个说话好听的人，说出的每一句都好像嘴上抹了蜜一般。

小图是公司的前台，她一直告诉自己，作为公司的门面，一定要仪表端庄、声音可人。

每天她早早来到公司，见到每一个人都问好，还总是开口赞美人。

"涛哥，今天的领带不错哦！"

"曲姐，今天的裙子真好看，真是让你穿出了时尚风。"

"刘经理，一大早就如此容光焕发呀！今日出师北上一定一帆风顺！"

诸如此类的赞美，每天都会络绎不绝地从小图嘴里说出来。这让公司上上下下都很喜欢她，就连外来的客户以及来宾也都很喜欢小图。

见到外来人员，小图一边让人登记一边开口赞美。有一次，老板的母亲前来找儿子有点事，但由于她几乎没有来过公司，小图并不认识。当听闻是找老板的时候，小图便打电话给老板："老板，这边有一位气质高雅的女士找您。"

虽然或许你觉得这话有些假，可是小图是发自内心的夸赞，并不是虚伪的奉承，更何况她也不知道来人是谁，又如何谈得上奉承呢？

也有人问过小图："这样夸赞每一个人不觉得累吗？明明没有什么可夸赞的，你又何必呢？"

小图笑得很阳光："我是真心夸赞每一个人。我作为前台，是每个人上班时见到的第一个人，我希望大家一天都有一个好心情。而我只是一句简单的赞美，对方便能一天开心，我又为何不做呢？对我没有任何损失啊，我为何要吝啬这样的赞美？对不对？"

____肆

一句简单的赞美，真的不是什么很难的事，为何要吝惜呢？

学会欣赏别人也是一种值得称赞的本事，毕竟人总是有情绪的，并不是每个人都可以做到的。

贬低对方的话并不能让你获得快感，又为何要说一句大家都不愉快的话呢？

人人都爱听赞美的话，你自己也不例外。若是有人对你恶言相向，你又会如何？

每个人都有优点，都有缺点，不要总是盯着别人的不足，而去讽刺对方。多看看每个人的闪光点，这样快乐的是所有人。

总是盯着别人的不好，其实你的心中才是真的被阴霾占据。你的内心本就不快乐，而且总会和自己过不去，不如敞开心胸，拥抱所有的好，忘却那些不足！

伍

你的一句不经意之言，可能会改变一个人的轨迹。一个对生活失去信心的人，你夸赞他一句，他或许便能燃起拼搏的斗志。可是，如果你打击他一句，他便可能一蹶不振！

救人一命胜造七级浮屠！你的一句简单的赞美也许会成为一个受伤者的疗伤药，你又为何要吝啬？

不要吝惜你的赞美，欣赏别人是一种能力！

何必说出让所有人都不愉快的话！

别让恶言毁了你，也毁了别人！

即使你不赞成，也不要轻易打断别人说话

壹

小武是一个很急躁的男生，总是会忍不住打断别人说话。平日里聊天时，总会打断对方，强行让对方听他说话。

开新产品内部会时，他也是如此。同事还没有说完自己的想法，他便会打断说自己的想法，丝毫不照顾对方的情绪。

有一次领导召集大家开会。领导在总结上个月的成绩，小武却已经按捺不住，在下面打断领导的话："我提个问题……"

当时领导的脸色便很难看，可小武却丝毫没有察觉，继续把话说完。领导十分有涵养地回答了小武的问题，会议继续进行。

可就在领导分配本月任务时，小武又打断领导的话："我有另外的想法……"这次领导的脸直接绿了："你是领导我是领导？要不你来安排？"

____ 贰

不说话会让你憋死吗？为何不能忍一忍，轮到你发言时再说话？

不要总是给他人造成不痛快，这样对你一点好处也没有。打断别人说话，会显得你这个人没有素质，也让人对你形成非常不好的印象。

本来是你的机会，都会因为你的"抢答"而失掉。

当你想清楚自己说什么时，却被人打断，你甚至会忘记刚刚自己说到哪儿。这样的体验，你喜欢吗？

己所不欲，勿施于人，为何要让别人被迫受到这样的待遇？而又显得你不自信，没有胸怀，还缺失素质。真的除了众多不好外，一点好的也不会带来。

____ 叁

小钱与小武是一个公司的，而两人却是截然不同的。

小武总爱打断别人说话，而小钱则喜欢倾听，只有听对方说完，自己才会开口。

有一次，部门一起讨论一个方案。讨论本来就是各抒己见、集思广益，但是整个过程中，同事们每次开口都会被小武打断。甚至只要听到有人说话，他便插嘴，不论自己的想法与对方是不是一样！

而小钱却恰恰相反，他总是很安静地坐着，等所有人都发表完看法，他才缓缓开口。在别人发言时，他不仅仔细听，还会做笔记，以便于与自己的看法做对比。若是出现自己不认同的看法时，他在轮到自己发言时才提出异议。

并且，每次别人在说话时，小钱便微笑地看着对方，并时不时地点点头，表示正在很认真地听。不论对方在说什么，是否无聊，自己是否爱听，小钱都会微笑着听对方讲完。

同事们都很喜欢小钱，也喜欢与他说话。

小武问过小钱："你为什么从来不把自己的异议马上说出来？"

小钱抬头看着小武说："因为我想听你们都说完，再做对比。我插嘴了，你们会忘记自己下面要说什么。"

"你不怕别人把你的功劳抢走吗？而且听到自己不赞成的观点，我是真的憋不住啊！"小武很不能理解。

"哪有憋不住的啊！再说了，这功劳是你的便是你的，不是你的便不是你的。更何况讨论本就是为了集思广益，保持一种有素质的态度不是很好？你想，我要是总打断你说话，你会好受吗？"

"还是你厉害！我终于明白为什么他们都喜欢与你聊天，而不愿意搭理我了……我真得好好向你学习。"小武由衷地感慨。

── 肆

与人说话时出现彼此意见不合的状况，再正常不过，但是若是为了要"抢占先机"而抢话，却不是什么好的方式！

倾听是一门艺术，也是体现你胸怀的方式！

当别人说话时，你微笑地看着对方，并时不时点点头。这样礼貌地回应对方，无疑会赢得对方好感。

而当跟他人聊天或者交谈时，用心倾听才会了解对方想要表达的意思。若总是打断对方说话，你很有可能会断章取义，错误理解别人说话的意图或者实际的意思。

说话本来就是为了将意愿表达清楚，若是对方没有说清楚便被你打断，只会导致彼此交流更加不顺畅。

倾听还是一种修养，让你看起来很有礼貌，很有涵养。

参加会议时，当你忍不住想要打断发言者时，你不妨记笔记，将自己想说的记录在本子上。等到对方说完，你再表达自己的不同观点。

── 伍

有时候我们会想迫切地表达自己的想法，却忽略了许多因素，甚至打断对方让人十分不舒服。

其实，更多的时候，你也会知道打断对方不合适，却又忍不住！但是这种做法，除了降低自己的格调之外，并不能很好地完成沟通。

要学会即使你不赞同对方的观点,也不要打断对方说话!这是起码的礼貌,也是最基本的尊重!

学会倾听,请你静下心等对方说完,再表达自己的观点!人与人的交流不是一场"抢答比赛",没有输与赢之分!

承 认 自 己 不 行，

接纳自己的不完美，这不是懦弱

———— 壹

  小姜真的是个很倔强的人，所有人都看出来她在音乐上没有一点天赋，甚至可以说是五音不全得厉害，可是她偏偏要走音乐的路。原因则是：大家都可以，我为什么不可以！

  有人劝小姜："小姜，你在绘画上那么有天赋，为什么非要走音乐的路？不如你还是放弃音乐吧……"

  对于这样的劝诫，小姜只是回一个白眼，黑着脸说："你什么意思？你们都可以，为什么我不可以？你为什么瞧不起我？"

  次数多了，大家便也不敢再多说，生怕会引火上身。

  小姜参加了许多比赛，却都在初赛便被刷了下去。她也在网上开账号，发自己演唱的歌曲，却找来一堆骂声——

  "别人唱歌要钱，你唱歌要命啊！"

"求求你放过我们大家吧！别再唱歌了，转行好吗？"

…………

然而面对骂声一片，小姜仍旧觉得只因大家不懂音乐，绝非自己唱得不好！是大家看不起她，在贬低她！她无论如何也不愿意接受自己在音乐上毫无天分的现实，一错再错，荒废了绘画的天赋……陷入一个无限循环的死胡同！

贰

何必要将自己推向一个深渊呢？

就好像不断告诉自己，闭上眼睛便没有悬崖，如此盲目往前冲，还称之为"追求梦想，挑战自我"。

你对梦想有误解！

人无完人，没有人能将一切都做好！人人都有短板，为什么要与自己的短板较劲？

我们总说要利用好自己的长处，将自己的短板遮挡起来。可你呢？偏偏放弃长处，冲着短处不断努力，不断励志！这根本不是励志，是傻！

哪有人非要与自己的不足过不去，而因此错过整个树林？简直就是活得一团糟！

就好像，如果打篮球就一定要打到NBA，游泳就一定要进国家队，写作就一定要拿诺贝尔文学奖……这样的目标不实际，不靠谱,根本就不能称为梦想!

叁

朋友说:"曾经我写作就是想要去拿个国际大奖,比如说诺贝尔文学奖。甚至每年我还会为此而难过。当我说出梦想被人嘲笑时,我觉得自己被看轻,就跟对方争论得不亦乐乎!"

我哈哈大笑三声说:"我也一样,曾经觉得自己是个灵魂绘画者!一定会成为一个不同凡响的艺术家,像凡高一样……"

朋友看着我忍不住笑出声来:"但是现在我觉得我把那个当梦想就是有病。明明我没有那个本事……更何况,我连一本自己的书都没有,还说什么获得诺贝尔文学奖,真的是可笑……不过你比我更过分,就你的画还凡高……"

"是啊,现在我也认识到了,自己根本不是画画的料,拼命练习也没用。"

另外一个朋友也是放下了自己那不着边际的目标,开始踏踏实实走自己的路。事后还有人调侃她:"你不是说要成为下一个鲁迅吗?怎么这就放弃了?"

朋友没有生气,反而轻松地笑了笑:"那都是年轻时的猖狂,年少无知。你可别再笑话我了,我当时真的是脑子坏了。"

发现目标不切实际就及时收手,改弦易辙,这有什么不可接受的?

另外一位同学，学了四年机械专业，参加工作后发现自己真的不是干机械的料，于是放弃了傻乎乎的坚持，转身投身于计算机编程。现在他已经有所收获，年年工资在涨，在行业中名气越来越大。

有时候放弃才是成功的开始！

肆

最了解你的人是你自己，如果你都不愿意直面自己的优点与缺点，你便无法真正直视自己。

或许你会说，放弃什么的，难道不是一种失败吗？只要努力，资质不够，还可以努力来凑啊！为什么要随便承认自己不行？这不是向困难低头吗？这不与你前面说的相违背吗？

可是这真的不违背。第一，你只有做了才知道合适不合适。第二，努力后便会知道自己在这件事上到底行不行，如果不行你还不放弃，那就是耽误自己。

所以，一开始的目标便要可靠，不能不切实际凭空做梦！在为了实现目标而奋斗的过程中，要坦诚面对自己，一旦发现目标遥不可及，就要舍得放下那份执念，勇敢承认自己的不完美，才能让自己改弦易辙、重新上路。

伍

不要盲目地奋斗，浪费的不仅是你的精力，更是你的时间！

人的一生时间真的不多，不足够让你无止境地浪费。更何况，你是为了一个不切实际的目标。越早认识自己，便能越早接近真正的梦想！

一个五音不全的人就不要非要唱歌不可，一个在画笔上毫无掌控力的人就不要握着画笔不放。你要有觉悟，明白自己的能力！

承认自己的不行，接纳你的不完美，这不是懦弱！

别把接受不足当懦弱，这才是明智的决定！

PART 7

用语言魅力提升个人影响力,你就会胜人一筹

讽刺不叫心直口快,"毒舌"不是直言不讳!为什么不能嘴巴甜一点儿?好好说话是一种修养。

同学聚会、同事聚餐，

为什么光彩夺目的那个不是你

___ 壹

同学聚会上，总是会遇上"冷场王"。说话尖酸刻薄，让人无法忍受，可是他们却不自知。

那次同学聚会正好赶上我第一本书上市之后。由于是第一本书，我也有些激动，难免广告打得比较多，同学们自然也就知道。

刚刚走过去，便被一个同学叫住："大作家来了？！你最近又挣了多少？"

另一个同学接过话："你怎么说话呢？人家肯定挣得很多啊！这还用问？都是出书的人了，怎么也不送我们一人一本？"

"对！我要签名本！大作家不要这么抠门吧？"

"你知道什么，估计是大作家看不上我们，不愿意与我们为伍……"

一番话听下来，我只觉得如坐针毡。我已经失去了与他们交流的能力，毕竟这样的话语真的无法回答。

的确，隔行如隔山，总有人觉得你挣得多，会说一些比较酸的话。但是，即便如此，我也不愿意和他们多接触——说话都如此难听，还怎么与其正常沟通？

贰

说话是一门艺术。俗语说，"话是开山斧"，你没有掌握的话，便失去了一门工具。会说话的那个人，总能成为人群中最闪亮的星。而相反，说话难听的人便会被众人嫌弃。

要成为什么样的人，是你自己的选择。

若总是说话难听，尖酸刻薄，处处透着酸气，带着逼迫，又如何让人们喜欢？这样说话，只会让你被边缘化。

一个人的生活要想过得好，一定不会总是对别人说那些尖酸刻薄的话语。尖酸刻薄话语既不能给你带来快感，也不会让你成为一个优秀的人。反而不过是自己过得不好的虚张声势，或者是你的无知。

优秀的人，从不需要靠挤兑别人给自己带来安慰。除非你愿意一直当一个失败者！

叁

与"冷场王"相反的便是聚会场合的"王子"，那是一个会

"十八般武艺"的人。

又是同学聚会,冰冰很是害怕——与人交谈是她所不擅长的。这样的聚会场合,她多是沉默不语,尽量让自己的存在感降低,这样便不会被推向自己完全无法驾驭的情况中。

所有同学中,冰冰最羡慕的是大滩。若要说大滩是何人,大家都会说他是聚会的中心。

冰冰在聚会中便一直盯着大滩,渴望学习到一星半点。她全程关注着大滩与人交流,与人互动。

大滩记得每一个同学的名字,遇见时都会一个微笑加一个熟悉的称谓,让人觉得舒服而又亲切、礼貌。

与人交流时,大滩从不会提及别人的伤处,更加不会把言语说得那么酸,反而是说话多是先夸赞;不会故意挤兑别人,语言表达也是恰到好处。

冰冰想起自己有一次无意中戳中了谈话对象的痛处。那次,冰冰没话找话说,偏偏问了刚刚离婚的人婚姻如何……一瞬间进入冷场。

冰冰找机会请教大滩:"大滩,你为何总是能说出大家爱听的话?"

大滩露出惯有的笑容:"其实很简单啊,第一说话好听,第二要会察言观色,不要说对方忌讳的。当然最重要的其实也是看你自己的状态啊,自信一点,什么事都好说。"

冰冰看着大滩离开的背影,一直在回顾他的话,并与自己以前的那些糟糕事迹相对比,她明白了。

后来的冰冰渐渐也成为同事聚会中的光芒,不再是那个黯然失色的孤星。

―― 肆

每一个聚会,尤其是同学聚会,真的就好像一场较量比赛。就为了看谁过得好、谁过得不好。

但是如果在这样的场合中,你能学会察言观色,多夸赞对方,多倾听对方的心声,了解对方的爱好兴趣,便可以融入其中。

就好比,你知道对方刚刚失恋,就绝对不要再说你自己的甜蜜爱情。对方喜欢彭于晏,你便可以肯定对方的喜好。

人与人的交流简单而又复杂,要闹矛盾一句话便够。可是要想使气氛活跃起来,却不那么容易。八面玲珑也是需要的,当然性格活泼的自然是混得更好的。

最重要的:绝对不要说酸话,不要指桑骂槐,不要戳痛处,总之就是要说话好听!

―― 伍

说话是人与人交流的主要途径,一个聚会中,说话便也就是主力。若是不能好好说话,怕是这一场聚会,会以撕咬结束。

其实谁也不爱听那些难听的话语,而说话的那个人也不见得多开心。每一句刻薄的话语,都让自己多受几分伤害。而这句话还会伤害对方,可以说是不利己、不利人,真的毫无意义。

各类聚会中为何你不是其中的闪光点?

只因为你不会沟通的技巧,不会应用语言!总是让人难堪,让人郁闷,当然会被边缘化。

若是你想一直被边缘化,那便由你!不过若是想有改观,则请你好好学习沟通技巧!

别以为说客套话容易，你连虚伪的资格都不够

壹

小鱼刚刚毕业进入企业，从最基础的人事部文员做起，经常需要接待外来人员，可是她总是板着一张脸，也不会说客套话，就硬邦邦地让人在那等。她在面对领导时，也从来不会说一句好听的，依旧板着一张脸。

以至于有客人跟老板开玩笑说："你们公司的接待员，好像机器人啊！都不会说话的。"老板对此只能讪讪地笑笑。

领导找小鱼谈话："小鱼啊，你说话也稍微带点情感啊。以后对客人要学会说客套话。"

小鱼只是怔怔地答应说好，私下却和闺蜜诉苦："你说，领导要我逢人就说客套话。这客套话都是假惺惺的，根本就是虚伪！我为什么要虚伪？我就是一个真实的人，干吗逼我说那么假

的话？"

小鱼喋喋不休，觉得自己特别委屈。

_____ 贰

客套话便是虚伪吗？为什么总是用自己是个真实的人来作借口？

明明就是情商不够，还非要觉得自己是好人，是老实人。真的不知道你是可笑，还是可悲。

一个人若是总能对不同的人说出客套话，不得不说，这个人一定是情商高。

若是你与这样的人一起争夺一项工作任务，更多的时候你是输的一方。不因为别的，就因为你连客套话都不会，领导又怎么敢信任你呢？

客套话本来就是取悦对方的，让人听着舒服。若是一句客套话都没有，那还能拉近彼此之间的距离吗？

_____ 叁

在以前的公司上班时，曾与一个来访者打过交道，可以说每次她来都能事半功倍。

记得有一次，前一天有一个销售员来推广自己公司的业务。老板本来心有所动的，但是一直有些迟疑，便也没有当天定下来。

让 优 秀
成 为 一 种 习 惯

我记得那个人,一直在强调自己与老板是师兄弟的关系。但总是让人听着怪怪的,并不怎么舒服。

而第二天,另外一个公司的朱姐来了。她一来便夸赞老板:"哎呀,好久没见!老板您又变年轻了!今天这衣服一穿,简直就像个二十多岁的小伙子!"

老板闻言哈哈大笑,一时间都忘记刚刚还在和下属生气。接着朱姐又说:"今天来看到了新楼房,一定是销售业绩大好喽!就一直觉得老板你真的是做事的人,而且还是我的大福星。是您给的我第一单生意呢。不过我也是您的小福星,今天我可是又带了项目来的哟!"

老板嘴上说"就你嘴贫,都在瞎说些什么",可却早已乐得心里开了花。

一时间整个办公室充满了欢声笑语。老板当场便定下了朱姐这家。等到朱姐走了,老板还乐得合不拢嘴地说道:"这家伙真会说话,真拿她没办法。"

而朱姐也是真心赞扬老板,从心底里这样说。没错,就是大家看不起的客套话,让朱姐十分得老板的信赖以及欢心。

其实客套话不仅朱姐说,另外一个公司的销售也说,但是,不知为何,从她的口中听到"老板,你们公司在行业很有地位"之类的话时,总会觉得很假。

所以啊,客套话其实说起来不容易,否则不仅没能帮到你,反而适得其反。

_____ 肆

客套话在生活中是无法缺失的部分,首先必须要学会说客套话。

比如,当别人穿着一件新衣服问你如何时,你应该很诚恳地说:"挺好看,与你很匹配。"绝对不能说:"不好看,你的身材根本配不上这样的衣服!"

其次,客套话说起来也有学问。不能说得苍白,要有趣一点,带点熟悉的味道。可以从唠家常开始,说话的语气要和聊天一样,不让人对你时刻防范着。

不是所有人的客套话都可以让对方沉浸在欢乐中,但如果连客套话都不说,就一定不可能。

客套话就好像是打开一扇门的钥匙,若是没有了这客套话,连门都不可能打开。

不仅如此,说话时一定要诚恳,让人觉得是真的,而不是带着目的敷衍人。

_____ 伍

别说什么客套话是虚伪,因为如果连客套话都不会说,你连虚伪都不够资格!

把客套话当作虚伪,还号称自己是个耿直的老实人。我想最虚伪的便是你自己。只有虚伪的人才会觉得客套话是虚假的。

不知道有多少人夸赞都是发自内心的,为什么你的心中总是那么多阴暗的不美好的事物?把所有人都想得那么假?

若你觉得这是虚伪,那你可真的连说客套话的资格都没有!

多从对方的角度出发，

别人才更愿意听你说

___壹

有一次，去药店买药，买了七十多元钱的药。售货员和我说："你要不办个卡吧？我们这有满减，还有定期优惠的会员价。预存的话，还有折扣呢。"

我一直觉得人没事真的不喜欢去药店，便说道："不用了，没必要在药店存钱。"

售货员却依旧不依不饶："反正你还会来的，存的也不多。"

"我没事常来药店干吗！？"我有些生气。

还有我们总会遇到的情况便是，一桌人坐在一起吃饭，一个人问大家还需要盛饭不，本来是好意，开口却是："你们谁要饭？"

当然回馈他的一定是众人的白眼，不会有人接话。

又或者，一个人开车出了事故，将车送往维修处修理，离开时，维修处的人员开口说道："欢迎下次再来！"

这几个场景，说话者本来是好意，但别人感觉到的却是另外一番意思，以至于产生不愉快。

贰

话语如果词不达意，那还不如不说。更何况，你的本意与你所表达出来的不相同，得到的结果也适得其反。

说话不考虑对方，只顾着自己方便，这样的做法是错误的！就如上面的例子一样，本来是好意，却表达出另外一层意思。

语言这个东西，我们每天都在用，是个最简单的事，但也是个很复杂的事。用得好，可以帮助你；用得不好，则会好事变坏事。

若是说话总是从自己的角度出发，很容易得罪人而不自知。

就好比第一个例子，药店、医院这样的地方，你让人预存金额，就好像你要人预存疾病一样，有几个人愿意？人都是不愿意得病，哪有为自己预备得病买药的钱？可说话人的本意只是想让顾客能够省钱，并不是想诅咒客人。可在那样一个环境下，这样的曲解没有办法避免。

所以话从嘴里说出来之前，要在心里有一个思量。

——叁

前几个月租房子，兜兜转转也很难找到价格和房子都很满意的。

找了一个多星期之后，我开始疲惫，想着有一个差不多的就行了，也不想再去精挑细选了。

那晚看房子看到很晚，可就在当晚10点准备签约的时候，房东忽然反悔。经纪人表示："姐，这价格本就是说好的呀！你怎么这会儿变了？租房子的是个年轻人，压力比较大，看上的也就是这个性价比高啊！您看，能不能还是1300元一个月？"

房东听了之后反应很大："我不差钱！这个房子低于1400元我不会租，宁愿空着。她要不租就算了！"

于是这一单就这样告吹。第二日我又约了另外一个经纪人，觉得之前的没有签约是对的。这一天，我看上了另外一个大而又新的房子，想要价格再低一些。

我跟房东商谈："我也知道您的价格很优惠了，我也是诚心谈价格，但是目前我仍然处于失业状态，手头比较紧，能不能再便宜100元呢？"

我当时心里很害怕，害怕又会遇见前一天那样的房东，但是这个房东小姐姐人很好。她说："我也知道你们年轻人压力大，那你看这样好不好？这个价格呢，我想你也肯定知道很合算了，那我给你包个物业费怎么样？租金就不降了，如何？"

她说话很舒服，让我觉得她一直在为我考虑，于是很爽快地签订了合同。

其实从价格上来说，我没有讲到本来渴望的价格，但是却因为她的交流方式使我觉得异常满足。这便是语言的魅力。

肆

其实，人都喜欢听舒服的话，不喜欢听句句紧逼的话。

怎么说话才能让人听着舒服呢？

首先，说话的时候，要考虑到实际环境。比如在医院里，你不要欢迎人下次再来。要考虑到一个人的情绪，没有人愿意多去医院。

其次，多在话语中加入"你"这样的词。比如你与人一起出去吃饭，点菜的时候你要多考虑对方，主动询问对方，"你喜欢吃什么？"或者"这个，你喜欢吃吗？"而不要说"这个我爱吃，就来这个好不？"

另外，在话语中，语调要尽可能柔和。不要给人一种针锋相对的感觉，就好像一直被逼迫似的，会让人很不舒服。就好像，你不愿意降价，"我不缺钱，宁愿空着也不降价！"这样的话语本来就是在逼人放弃你，而不是一个谈价的方式。若你说："我知道你有难处，可我也有难处啊！这个价格真的是最低价了。如果你觉得不太能接受，那送你一个月的宽带？如何？"如此，双方总不至于不欢而散。

交流本就是为了一个目的，如果说的话不能达到本来的目的，又何必说呢？

____ 伍

我们说话不是为了比狠，或者看谁更恶毒，而是为了一个目的，双方退让达成一个适当的协议。

那么这个时候，多为人考虑，退一步不仅海阔天空，也能让自己拥有更多。

渴望对方降价，你就要有一个姿态，让对方觉得你一切在为他考虑，而不是将他逼到死角，让他无路可走。

多从对方的角度出发，别人才更愿意听你说啊。

咄咄逼人或总是站在自己角度胁迫对方，是永远没有办法达成目标的。只有学会换位思考，多从对方的角度出发，你才能将自己的意愿表达出来！

你鄙视别人溜须拍马，其实你连赞美人都不会

____ 壹

看到领导来了，小段连忙走上前："领导辛苦了，茶我刚刚沏的。商谈顺利吗？需要我去把后面的资料准备好吗？"

领导只是嘴里"嗯嗯"了两声，小段又说道，"经理你这么有本事，我就知道没问题。经理你真的是才华横溢，能力又强，还长得这么俊俏，下一个晋升的肯定是非你莫属了！"

领导到这时笑了笑，愉悦地赶了赶小段："快干你的事去。"

一旁冷眼旁观的小汪则转手给闺蜜发消息说："我们部门那个溜须拍马的，刚刚又去拍马屁了。那话听得我啊，真的是恶心！这种人，我是真的鄙视，受不了。简直就像哈巴狗似的，领导说啥是啥……但偏偏他还混得挺好，真是气死人！你说是不是领导都喜欢这种马屁精？"

贰

人都是感性的，自然都是爱听好听的话。

就好像你自己，穿上一件新裙子，是希望大家夸赞你，还是挤兑你呢？你更愿意听"你穿着真好看"，还是喜欢听"就你这平胸好意思穿这种衣服"？

可想而知，你也是爱听好听的话，甚至即便知道那话是假的，也听着舒心。所以为何你要鄙视别人？你本就没有资格不是吗？

当然你会说，你不说那些好听的话，是因为忠言逆耳！可是并不是所谓的逆耳之语都是忠言，而你若是觉得好听的都是拍马屁、没意义的，那你就大错特错了。

见人就挤兑，逢人便冷脸，其实并不能就此体现出你的高冷气质。只能说明，你不会处事，情商很低，不会做人。

溜须拍马者身上体现的固然不是正能量，可是他们采用的赞美技巧却是值得你学习的。只要你把称赞别人的话语很真诚地说出来，就不属于溜须拍马、阿谀奉承，而是会说话！

叁

我认识一个做销售的小姐姐，她给我的感觉便是，整个人都让我很舒服！

第一次见她,便被她的气质吸引。她与我说的那些话,其实是别的销售员也都说过的。可以说,从价格上说,她的报价并不是最低的;从商品质量说,其实我也不是十分了解。可是她说话,真的让我倍感舒服。

其余的销售员都是迫切地想要证明自己推荐的商品好,为此会贬低别人家的商品质量。可是这个小姐姐并不是这样。

她说话的语气让人觉得很真诚,而对我的夸赞也让我十分开心。

最后,我们自然做成了生意。

肆

与人交流,无论是为了达到什么目的,都应该多给予赞美。这是因为:

第一,大家都爱听这样好听的话语,你也应当适当地夸赞对方;

第二,要诚心夸赞,不要觉得自己是在溜须拍马;

第三,要用词恰当,不要说得虚假。如果觉得对方的裙子好看,可以说:"这条裙子让你今天看起来特别有气质,与你太配了,让我都想买一条。"但不要只是泛泛地说"好看好看"。

伍

多看看别人的优点，在适当的时候夸赞对方，也是对他人的一种鼓励。

与其总是将夸赞当作虚伪而加以鄙夷，不如好好反省自己，为何别人可以扶摇直上，而你始终不受待见？

别总是觉得对方没有真本事，只是靠溜须拍马哄人开心，所以才被提拔。越是如此，越应该重新审视自己。

你之所以不能升职加薪，受人喜欢，也许是因为你连赞美都不会！

就算为了别人好，也要把话说得动听些

壹

年前，租了房子需要给网络新开户，于是我找到联通的销售人员。当天便预存了500元话费，开了一年的宽带。

然而租的房子却无法通宽带，因为光纤在楼房施工时被凿断。安装人员表示："若是实在没有办法打通，我们可以退款的。"

后续为了打通光纤，断断续续来了好几拨人，为此消磨了我的耐心。来了这么多人，却没有一个有准确回复。而他们的到来也打乱了我的生活节奏，于是我向销售人员询问是否可以退款。

其实本来也没有抱太大希望，可是他回复我："不行，因为开了号。你这个没有开通也不是我们的问题，你只能自认倒霉。你也要体谅我一下，我只是个打工的。"

他句句扎心，让我觉得我是花钱买罪受的那个人。你面对客户，就算是事实，也不该把话说得这么扎心不是？

——— 贰

许多人说话真的很没有水准，明明很简单的事，却会被他一句话影响全局。由于这个销售员的扎心话，让我一度开始怀疑联通的网络，还有这个人的人品。我很担忧，我的钱是不是真的打了水漂。

可是事实呢，他其实做了很多。他联系了光纤施工队，并主动让他们来维修。还曾经因为找不到光纤施工队，自己想带着联通的施工队来做一个简单的维修，只为了保证我的使用。

明明什么都做了，却偏偏说出口的话如此不好听。你说这又是何必呢？

就算是为了让客户安心、放心，也不应该说那样的话语不是吗？

若总是这样说话，不论你做了多少，对方也不会领情。而你说的话本来是为了解决问题的，却让本来的问题变得更大。那么这样做，又是为了什么？

请你要明白，动听的话谁也不会反抗。与其让双方都不爽，何不说句动听的话来安慰对方？

叁

其实不仅仅在生活中,面对陌生人时,需要会说话。在友情中,也同样需要。

小牧与小葵是一对闺蜜,从高中时便认识。如此熟悉的朋友,却没有像网上说的那些闺蜜一样,动不动就打击对方。

小牧跟我说:"说真心朋友说话都会难听的那些人啊,真的是不知道什么是真心朋友吧?其实我们也会有嘲笑对方的时候,但是我们绝对不会说伤人的话语。"

有一次,小葵在公司受了委屈,加上之前与男朋友刚吵了一架,于是就向小牧倾诉:"今天同事居然又在领导面前说我的坏话,真的是委屈死我了。昨天又和男朋友吵架了,他真的很过分,居然批评我太懒了!"

有些朋友可能会骂小葵,觉得她无理取闹或是想骂醒她。

但是小牧却不是这样,她对小葵说:"我们家小葵最棒了,那些让你受委屈的人,你就不要理会他们。至于你男朋友嘛,我们现在就先不管他。你这么优秀他要不懂得珍惜,就是他的损失!"

"再说啦,偶尔的偷懒也是可以理解的嘛。晾他一会儿,他自然就记起你的好了。别担心,今晚我带你出去吃你最爱吃的火锅!"小牧紧接着又说道。

所以小牧与小葵几乎没有吵过架,两个人都希望对方好过,不会说难听的话让对方难堪,或是受伤!

肆

为别人好这样的出发点,真的一点都不虚假。当人与人交流时,一方感到开心,那么沟通自然也就比较愉快。

这个时候我们只需要做到,尽量不要说难听的话刺激对方,而是选择说一些好听的,让对方可以将阴霾扫除。

你若是能讲笑话,把对方逗笑那再好不过。就好比前面提到的联通的那位销售员,若是当时他说:"我一定会竭尽全力解决这个问题,但是钱真的没有办法退给你,但是请你相信我们联通的品质!"

若是能这样说,我心里也不会排斥,反而会很欣然地接受这个不能退的事实。

做个高情商的人,学会好好说话。要明确在不同的场合说不同的话,而不是一味地让人难堪。要清楚地知道对方爱听什么,什么话会让对方舒服,然后对症下药。

伍

不要总是把说话好听当虚伪,要把说话好听当作一种习惯。

其实让对方开心,也就是你的胜利。为何总是想要怼对方,让对方难堪难过呢?即便这样你能得到一时的快感,可是冷静下来你便会后悔!

不要让自己因为一时的冲动而说出让人不舒服的话,就算是为了别人好,也要说话动听!

愉悦了对方的心情,又何尝不是一件好事?若你总是不愿说话好听,那不如少开尊口!

为什么你说不到点儿上?

先把逻辑搞清楚

___壹

在漫画公司上班时,有一个同事每次开会都会让我们每个人一头雾水。有时候明明和另外一个同事是一个意思,却总要很激烈地发表自己的言论,并且长篇大论,讲到最后大家都不知道他想表达什么。

就好比有一次,他对人物设定有异议,于是说道:"我个人比较喜欢细腻一点的,但是这个还是应该要把少年的东西表达出来。总觉得这个设定不太好。"然后接着从自己喜欢的漫画举例,到自己的想法,讲了十几分钟。

我们问道:"你到底想表达什么?"

他很茫然地看着我们:"你们没听懂?"

另外一位同事说:"我想把这部分去掉,换成更加狂野的性格。"

他忽然很兴奋地说道:"对!我就是这个意思!"

可是在他的长篇大论里,我们一点都不知道他在说什么。说了很多,却不知道他的重点是什么。

贰

有许多时候,你觉得自己逻辑清晰,说得很清楚,可是对方却不懂你的意思,你就会很懊恼!"这么简单的事,你为什么就是听不懂?你理解能力有问题吗?"

可是你却忽略了一个重要的问题,你说的话没有一句在重点上,而且逻辑混乱,没头没尾,你让人如何听得懂?

就好像我曾经的那位同事一样,说了很多,却句句没有点题。本来一句话便能说清楚,却硬生生说了十几分钟,还觉得自己把来龙去脉都说得一清二楚。

当对方没有听明白时,你一定要仔细回想,自己到底有没有说清楚,有没有说在重点上。否则,这场沟通就根本不在一个频道!

叁

羽西从前是个职场小白,说话总是不在重点,尤其是一紧张起来完全不在状态。

但是后来公司来了一个新领导,要求所有人说话必须简明扼要。

一次会议上,领导让羽西汇报一下项目情况。羽西吞吞吐吐说了一大堆,一会儿说客户怎么样,一会儿说工人怎么样,就是没有说清项目到底进展如何。

领导没好气地打断她:"简单点!给我一个结论,项目到底走到哪一步了?"

也正是经历了这件事,羽西开始思考自己的问题。为什么总是说不到重点,而且越说逻辑越混乱?

经过一番思考之后,羽西觉得首先自己要在说话时明白对方要的是什么。如果是一个进展,便先把进展告知,若有其余的问题再说。

以至于后来同事们都很欣赏羽西,还问过她:"羽西姐,你说话真的针针见血,一句废话都没有。怎么做到的?我总是逻辑混乱……"

羽西告诉他们:"找到对方需要知道的就好了。比如,你对他人的方案有异议,便直接说出你对哪一个部分有异议,然后一句话简单明了说出你的想法。然后再去分析,最后再总结。也就是通过'总分总'这样的结构来回答,会让你的逻辑更清晰。千万不要一开始就分散,不然你这话匣子打开,十头牛也拉不回来。"

肆

交谈时,你要明确知道对方关注的是什么。比如他若是问:"项目结果是什么?"那么他关注的就是这个结果。若是他问道:"对这个人物有什么异议吗?"若是有异议便直接说出你的异议,简单说清楚。

明白对方的关注点后,你就要对症下药。回答他所想要知道的、想要听的问题。然后再去阐述,自己为何会有这样的答案。

这样你的回答便不会出现大的逻辑问题。尤其是这个重点,一定要明确。不要发散性思维,说着说着便跑偏。

伍

你总是懊恼,为何自己说的话对方听不明白,为何领导对自己的汇报那么生气。

你觉得谁都不懂你!只是你忽略了一点,说话是给对方听的,若是对方听不明白,那么有问题的一定是你自己!

为什么你说不到重点,还逻辑混乱?因为你抓不住重点,又不知道理顺话语逻辑,总是一股脑将想说的说出来,却丝毫不顾对方是否明白你在说什么。

若总是一股脑想到哪说到哪,别人永远听不懂你说的话!

PART 8

高效做事，你也能成为优秀的那一个

做到高效，你能掌控自己的工作，有条不紊地处理各种问题，高质量地达成目标，成为优秀的那一个。

你连工作清单都没有，每天都在瞎忙什么

壹

小薇每天都很忙，总是埋头工作，桌面上堆成山，乱七八糟，找一个文件都需要许久。每次谁找小薇要一份资料，都会很费劲。

每天她都忙得团团转，总是不得要领。办公室中，总能看到她忙碌的身影。

公司要举办一个大型会议，需要小薇准备资料、布置会场。可是临近会期了，小薇还在电脑前敲打着会议需要的资料，而会议室还完全没有布置。

领导很生气，训斥了小薇一番。

小薇很是委屈，还心生怨气："我每天忙得要命，可是还被骂！为什么我需要干这么多工作，别人却都清闲得很！"

贰

明明是你自己没有计划,眉毛胡子一把抓导致如此的混乱局面,你却还有了理由!

你的委屈与气愤都是不应该的,本就是你应该早早完成的,你却一直拖着。没错你是很忙,可是忙的结果呢?

别人向你要的资料你供应不上,领导安排的任务你耽误进度……你只强调自己加班加点,忙得黑白不分,你觉得谁会信?

大家只会觉得你没有能力、没有效率!

有谁会去看你的工作过程?大家都只要你的结果,而你的结果没有,那么你就是该被训斥!你没有一点可委屈的。

叁

竹子是个雷厉风行的女孩,她从职场小白到高级白领只用了短短的一年。在大家的眼里,她就好像神一样的存在。

见过她工作的人都知道,她总是能在大家需要之前将资料准备好。甚至你看不到她每天奔波,只是静静地坐在那里。

她的雷厉风行,是出任务速度快,却不给人一种赶工的感觉。

曾有人请教过她:"竹子,你的工作太高效了。从前没有人能一年从小白变主管的,你到底是怎么做到的?"

其实问这个问题很傻,因为观察过竹子的人就知道,她有写工作清单的习惯。有哪些工作她都会列出来，并根据紧急程度以及重要程度来安排一个顺序，最后给自己定一个每天的工作清单，然后一项一项去完成。

因为规划合理，顺序安排妥当，她的工作总是提前完成。

"给自己列一个工作清单，把时间规划起来，让你自己每天的任务变清晰就好了。"竹子是这样回复询问者的。

___ 肆

其实很多工作本身并不复杂，若是能把时间管理好，真的不会让你忙成陀螺的！

所以你需要一个工作清单，详细的并且时时更新的工作清单！

首先，把所有的任务都列清楚，并且标明轻重缓急程度，以及难易程度！

其次，将所有的任务按照这个顺序列出来。

然后，将这些任务分到每一天，让每一天的事都合理而又紧凑，不会浪费时间，不会耽误事情！

最后，当然是要严格遵守这些清单列表的顺序！

其实清单这个事，你自己是最清楚的。你有多少工作，有多少事情需要做，什么工作需要用时多久，难易如何，你自己最清楚！

伍

放下你的气愤,你的懊恼,还有你的委屈!要知道,当你没有完成任务时,这些情绪你都不配拥有!

因为你的工作任务没有按时完成,耽误了进度,领导责备你是理所应当的!你又凭什么有情绪?

你连工作清单都没有,还觉得自己委屈吗?整个公司数你最忙,却数你耽误时间,你怎么不反省一下自己?

整天都在那瞎忙什么?像个没头苍蝇一样!赶紧做一个工作清单,别再当热锅上的蚂蚁!

你还没到战略层面，你就是想得太多做得太少

―― 壹

朋友和我倾诉最近的苦恼，一时间觉得人生很迷茫，觉得有很多事要做，可是又好像什么都不会。他发现很多知识都应该学，于是给自己安排了很多学习科目，可是安排完了之后，觉得人生都失去了光芒！

他说："我想考研，我想工作，我还想学习摄影、英语……可是我又想，考研和工作怎么分开？又想，考研考哪个学校？诸如此类，想来想去，也落实不到行动。现在好迷茫。"

我笑了笑。当然迷茫啊，想了那么多，什么都没做。

就好像我另外一个朋友，她喜欢上一个男生，可是还没和男生表白，就开始想在一起会如何，万一分手了怎么办，万一人家不喜欢她怎么办……又担心人家嫌自己貌不出众，会当场拒绝，那

多难为情。她又想，自己应该学学化妆，打扮一下……最后，想了那么多，也没有去表白。

── 贰

想的太多做的太少，因此而迷茫。

不仅迷茫，还会彷徨和焦虑。因为想的那么多，就会觉得自己一事无成，觉得自己失败透顶。

想的与做的不相匹配，自然是不可能成功的！你幻想自己成为一个畅销书作者，却从来不写作，你说这有可能吗？

说到底，你想的那么多，做着一个又一个白日梦，在这个过程中，忽然觉得自己很厉害。可是你什么也没有做，没有行动都是空想。于是冷静下来，你又觉得自己平庸至极，极其失败！

于是沮丧、迷茫、怀疑人生！可是别忘了，这一切的一切都是源于你自己的空想不做！

── 叁

小谈是个行动派，总是想到就做，仅仅用了两年时间，便成为漫画主笔，创作了许多作品。

最开始小谈没有想过会步入漫画行业，更别说当上主笔。

这一切源于两年前的一天，她突发奇想："是不是我也可以画漫画？"当时她是一个画画小白，只是因为喜欢漫画，看了很多。

但是当时她一有了画漫画的想法,便开始行动。在网上寻找教程,然后自学,到后来还报班学习。每天刻苦练习,不断地看名家的漫画作品,借鉴学习。

之后她开始联系招聘主笔的漫画工作室,不断地试稿。她一边学习,一边听意见,一边不断试稿总结经验。就这样,一年不到,便开始画自己的第一部漫画作品。

然而,当她看到有的人可以自编自绘的时候,她也有了想法。于是第二天便开始自己写大纲,试着写脚本。遇到任何不懂的问题都去网上搜索,或者查书、请教朋友。

就这样,两年后,她实现了自己的诸多小目标。

有人问过她:"你是怎么做到的?漫画周期那么长,而且专业性很强啊!分镜什么的都需要专门学习。"

小谈只是笑了笑:"只要你想到就做,真的没有那么多难的事!"

----- 肆

其实要想最快实现目标,最简单的办法便是想到便做。不要总是一次性想要的很多,然后发散思维到最后一发不可收拾。若是只想不做,当然会一事无成。

只是想,没有行动,叫空想!

就好像，你连表白交流都还没有就想分手之后怎么办，想太远太多了吧？

请你不要总是只用脑子想，要把想法转化为实际行动！

——— 伍

你明明还没有到那一步，你就开始想如果到了会如何，真的是杞人忧天！

你还没有到战略的层次，想那么多有的没的做什么！除了浪费脑细胞，浪费时间，让自己越来越迷茫，还能带给你什么？

不要总是做的太少，想的太多！那你就只是个行动的矮子！

有出息的人都是想到便做，绝对不会光想不做！不行动的人，一辈子都在迷茫，都在想无数不存在的事情！

人的大脑不是计算机，别把自己当超人

——壹

阿美是技术部文员，每天都有许多图纸需要发放，还有其他相关文档需要整理。

每天都会有很多人找阿美要图纸，甚至可能同一天同一个人在不同的时间段要不同的图纸，导致阿美每天都很忙。

阿美想提高效率。她想把许多事一起做，比如发放的图纸一起登记，再把新的设计图纸一起登记，还有那些材料库的记录编号……

起初的想法是好的，只是结局不是那么美好，问题并没有解决，反而把自己弄得更加混乱。

阿美开始记不清楚所有的编号，登记的时候会出错，还会混淆不同的事件，使得情况越来越复杂。

阿美越发烦躁，工作做得越来越糟糕，陷入恶性循环。

＿＿ 贰

每个人都只有一个脑袋，工作那么多，不可能把所有的事都揉进一个脑袋里。

一心一意是最好的状态，不要总是逼迫自己容下太多的事情；最后不仅得不到你想要的结果，反而会让你陷入更加混乱的状况中。

而这样的状况会让你情绪波动，会让你更加焦躁。

其实，真正的效率就是每一件事都能按时按质地完成，而不是把所有的事混杂在一起。心猿意马自然会慌、会乱，毕竟我们的大脑不是计算机，怎么也不可能同一时间在不同事件中切换。

＿＿ 叁

小斯是办公室出了名的高效率人员，但是在大家看来他真的很简单。当大家被一堆事缠身的时候，他仍然淡定地做着自己的事情，与整个办公室的奔忙显得有些格格不入。

有一次同事问他："为什么从来没有发现你陷入混乱状态？"

小斯很平淡地说道："为什么会混乱呢？一件一件做事，根本不会混乱啊！"

同事惊讶地问道:"一件一件?你怎么能做到一件一件?总是有那么多突发事件,你还能一件一件?"

"是啊,我的脑容量只有那么大,脑子的转速也相对有限。若是许多事堆在一起做,肯定会思绪如麻,应付不来。"小斯说道。

"可是如果有些事不一起做,又很容易耽误时间……"同事有些无奈地说道。

小斯仍旧淡定从容地整理着桌面,拿出自己的清单,轻轻划去一项任务。

"所以要有工作清单啊,把事件都列出来。至于临时事件,也要考虑临时事件的重要程度以及急迫程度,以便决定是否需要把它'插队'。不管如何,一次我只能做一件事!以前一起把事情杂糅一起,最后什么都没有做好,而时间并没有省下,反而耽误得更多!"小斯说。

同事有些诧异地看着小斯,缓缓说道:"原来这么久我一直在瞎忙。没有规划,所以让整个工作变得很混乱。弄得好像打仗一样,却毫无章法……"

___ 肆

其实,很多时候追求一起做许多事,不如一件一件稳妥地处理。每个事件所需要的时间都是你可以评估的。

正如前文所说，有了工作清单，所有的工作都会比较清楚，完成顺序也就变得清晰。

而你一定要稳定自己，告诉自己不要追求不合理的速度。欲速则不达，所以要知道一件一件做事更加稳妥。而赶时间的时候，其实稳妥就是一种快！因为混乱的状况只会耗费更多时间，而事情也做不好！

伍

很多时候，我们只看到了表象，而忽略了核心所在。

比如，我们将两件事情安排在一起做，可这两件事情不应该放在一起，最后只会顾前不顾后，哪件事也做不好。

所以我们不要总是想得太美好，最后做起来问题更大。

人的大脑不是计算机，别把自己当超人！

若总是想着把许多事放在一起，那你就等着脑袋爆炸吧！又有谁能挽救你呢，是你一意孤行，不懂得循序渐进！

深　度　工　作，

远比做一些简单明了的工作更有成就感

___ 壹

我们总是会在工作时愿意选择那些简单的，而不是有难度、富有挑战性的。有一个朋友便是如此，她总是在工作的时候，先做简单的工作，将复杂的丢在一边。

这样做的结果可想而知，堆积了很多相对复杂的工作。

为此她没少被领导训斥，但是可能是时间久了，人就脸皮厚了，她倒是无所谓。

我有一次便问她："你干吗总是把复杂的留着？这个费时多，不确定性多。"

她刷着手机回复我："太难了，不想做，不如做点简单的。同样的时间，花少的精力可以完成更多的事，不是很好吗？"

我没有回复，只是在内心深处表示无语。简单的事，每个人都会做，可是只有把难事做好才能证明能力啊。

———— 贰

有些人之所以先选择简单的工作来做，而放弃难的，原因很多。

比如你只是偷懒，不想动脑。又或者是你根本浮躁得无法潜下心来，于是，总是去做一些简单的，而放弃那些有难度的。

这样的做法，注定你不会有任何成绩！

一个只会敲字的人，能有什么成就？连脑筋都不愿意动，你还渴望得到什么？

如今很多人都有浮躁情绪，无法沉下心去工作学习，很多事都是草草应付。这样的做法，注定是要被淘汰的！哪个老板愿意花钱聘用一个连脑筋都不舍得动的员工呢？

———— 叁

与我上面所说的那位朋友不同的是办公室的一位同事，他很是让人敬佩。

不论我们在一旁做什么，是吵闹，是嬉笑，或者是聊八卦，他都丝毫不为所动！只要是他在研究自己的项目，周围的一切他都会屏蔽，甚至连你叫他都没有反应。

他是我们的小组长，一些简单的事总会派给我们：一是让我们熟悉情况，二是他更愿意做有难度的。

经常看到他一个人抱着一个新型机器研究，把整个机器拆开，一件一件仔细探究。

我还问过他："组长，你是真的很喜欢挑战难度啊？"

他点点头说："当然啊，挑战难度才有意思啊！"

"简单的工作做得再多也不会有感觉，但是做有挑战性的工作，每做成一个就觉得特别有成就感。"他又补充道。

想起有一个文友也是喜欢写有难度的作品。那种简单的情节俗套的言情故事，她从来不写，却总是写科幻悬疑之类的烧脑的作品。

对此还有人问过她："言情小说写起来多轻松呀？为何要写那种烧脑的？"

她回答说："那种烧脑的才会让你沉浸在故事中无法自拔。不断地挖坑给主角，让主角在陷阱里一步一步滑落，再一点一点拉他回来。这特别有征服感，连自己都会为自己的逻辑构思发出惊叹，而写套路文是绝对不会让你有这种感觉的。"

____ 肆

一件简单的工作会阻止你的思维拓宽，也无法激发你的潜力。但是复杂的工作就不一样了，它会激发你的潜能，挖掘出让你自己都惊叹的能力。

其实深度工作本身就会让你有满足感，有成就感。

我们可能会很浮躁，很难沉下心工作，浮躁的根源之一就是手机、网络。

所以当你工作时，要关网，把手机静音，将自己与周围的纷杂环境隔离开来。

沉浸在工作中，才能去研究那些有难度的工作，所以首先你就要按照上面的两点学会深度工作。

伍

职场的追求那么多，为何总是目光短浅，在简单的事务上耽误你太多时间呢？

不要那么没有追求，做人就应该敢于挑战，敢于承受不能承受的压力。将自己投入工作中，你才会感到满足，因为工作让你觉得日子很充实，而不是觉得时间难熬。

其实我们每个人都有一种征服的欲望，对于简单的事我们是不会有任何感觉的。只有当你深入工作，沉浸在其中，不断研究探索一个有难度、有曲折的工作项目，你才会觉得满足。而当这项目做成了，你便会有成就感！

深度工作，远远比做许多件简单的工作有成就感！

你根本没必要羡慕那些一天能做很多事的人

壹

前些时朋友和我吐槽,说起有个同事总给人一种一天做了很多事的感觉,特别像打了鸡血,高效率满满。而朋友却觉得自己异常疲惫且工作效率极低,于是向我倾诉烦恼。

"真的,每天他都特别忙,处理事情很快。经常被领导表扬工作速度快,让我们向他学习。"朋友有些无力地说道。

"那他的工作质量怎么样?"我问。

"还行吧。但是速度真的很快,每天都能完成很多事,不像我根本没有速度。"朋友皱了皱眉。

其实有的人工作速度快,可是工作质量却不高。就好像看的书很多,却都是囫囵吞枣一样。因为把精力花费在不同的事上,看似很高效,而实际上却没有深入研究。

最近见着朋友,她又说:"上次和你说的我的那个同事,就是一天做很多事的那个,今天被领导批评了。领导说他做事不精,只图快,来回折腾,更耽误事儿……"

贰

不要总是看表面现象,图表面效果。

我们做任何一件事,都应该做到专注。把一件事研究仔细胜过于你做许多事。

就好像朋友的那位同事,表面上所有事情都做得十分快,让人羡慕不已。可是事实呢?还不是因为用心不够而导致出现纰漏,或是因此而不够全面,导致返工吗?

就好像有些人,一辈子都在研究一件事,于是他成了所在领域的专家。而有的人,好似研究了很多事,可是却都只会皮毛,真正需要用到的时候,就成了个花架子。

你是想当一个漂亮的花瓶,好看不中用,还是想做一个有能力的人?

叁

难得放假一天,小茹和云溪两个室友开始计划这一天要做的事。

小茹说:"我今天要看电影、看书,还要学习英语,对!还要出去走走。"说着便转头问云溪,"你今天打算怎么安排?"

云溪抽出一本东野圭吾的《解忧杂货店》,"今天我就看这本书了。以前一直想看却抽不出空,今天一天的时间应该能看完!"

小茹皱了皱眉:"好不容易休息,你就一整天看书?我觉得时间还蛮多的,我们可以干很多事啊!"

云溪打开窗帘,将窗户推开,抽了把椅子坐在窗前说:"但是每件事都做一点,就都不能做完。比如这本书,我想一口气看完,如果还去干别的事,怎么可能看完?"

的确是这样,就好像在工作中,云溪总是专注将一件事做完,才会开始做另一件。所以总是会发现,云溪可能一天就校对了一部稿子,而小茹可能一天校对了很多部,却总是因为校对有疏漏而不得不返工!

可云溪校对一遍,不仅不需要返工,连下一个工序都变得轻松!

所以说,不要总是追求一下做太多事,不要给自己安排类似"一天要写一篇鸡汤,写一个剧本,看一部小说"这样的计划。这样的计划就算做到了,也很有可能达不到质量要求。还不如专注做一件事,做到完美。

───── 肆

自己要将心态放平,不要去追求表面速度。专注一件事,才能达到应有的效果。

其实这也需要我们深入思考。若是做不到深入思考，又怎么能将一件事做好？只有不断发掘，才能将事情一点点深入。

我们需要的便是一个心态，不要浮躁，不要急迫，要集中精力于一件事。

就算是做一个报表，做的方式也有很多种，而做出来的成果也各有不同。有的人做报表将所有需要的数据写得十分清楚，而有的人做报表却缺东少西。这就是两者的区别，需要我们向先进看齐。

伍

决定你的高度、成就的，是你能否将一件事做到极致！

人生苦短，没有时间拿来浪费！一定要将时间花费在值当的地方，用有限的时间去做一件事，做到位便是成功！

你根本没有必要羡慕那些一天做许多事的人，因为他们没有一件事做到极致！敷衍了事的结果，又怎么会有收获！

所以，若是想要成功，请你一定要将一件事做到极致！

工作也要断舍离，做最有价值的事

―― 壹

工作上的事其实很杂，比如一项任务会牵连出来许多旁支。

林立又将自己埋没在工作中，但是就一个报表已经做了许多次了。

同事雪姐上前看到林立的电脑屏幕就问："林立，这个报表你不是昨天就在做，怎么还没做完？你可得快点，不然经理又要找你麻烦了。"

林立有些无奈地点点头说："好的，雪姐。"

林立也知道自己这个报表耗时太长，可是昨天写报表的时候发现找不到相关文件。就在找文件的时候，又找到另外一件需要做的事，于是转手又去做另外那件事，到了最后反而把正事给耽搁了。

这就是文件不分类、工作没有规划取舍的结果。

贰

我们都知道每天的工作任务都有不少，而工作本来也分了很多等级，若是不能取舍就会导致混乱。

就好比，文件管理不合理，会增加自己的工作量。而像林立这样工作的人，肯定不在少数。找文件看到另外一个工作，便开始着手另外一件事，而耽搁了原本的工作。这种做法是很不合适的！

耽误自己的时间，并且打乱本来的工作进程，最后就会在一件事情上做个没完。

当两件事一同出现，你应该如何抉择呢？该断不断、该舍不舍，必有后患。就好似明明知道这件事不重要，而你却因为它简单轻松将紧要的时间放在这件事上，势必导致更重要的事被延误。

叁

有位朋友是位很有才气的人，但是对于工作，她却做出了让我惊叹的取舍。

我的这位朋友在某App签约成功，写得也算是有声有色，但是在分析过后，却觉得自己不适合这个平台，于是选择放弃。

她散文集已经出了三四本，还跟随著名编剧学习过剧本创作，但是后来综合考虑，都放弃了。

后来她在《意林》发表了系列小说，与科幻大神郝景芳同刊。她正在一点点接近自己的目标。

我和她聊天时，问她："你怎么舍得放下写散文和写剧本呢？毕竟坚持了那么久。"

她叹了口气说："当然舍不得。可我写散文、剧本那么久，却越来越感觉被边缘化。对小说创作，我却开始越来越有感觉。当时经过认真考虑，认定实在不应该把时间再耽误下去，毕竟精力有限，不能贪大求全，坚持一项就必须放弃其他项。"

顿了顿，她又说道，"曾经有出版社专门找我当签约作家，但是我觉得会制约我的发展，就拒绝了。我没有后悔过，真的，我现在很好。有舍才有得。"

她就是这样一个充满激情的人，很明白自己要的是什么，很会断舍离。

——肆

工作上的断舍离其实有很多方面，第一，自然是工作上的选择，要选择最合适的一份。不要一面追求金钱，一面追求梦想，总是犹豫不决。

第二，工作的内容也要学会取舍，比如两件事的重要程度，选择重要的，放下不重要的。不要总是被轻松的工作吸引，而要明白自己的目的究竟是什么。

第三，工作的时候不要像林立一样，在一件事上耽误太久，更要避免在一件工作上做着做着就忙起了其他工作，以致本来的工作没能完成。

伍

快刀斩乱麻，才能不忙中出乱。而人在犹豫不决、混乱之中总是不能做一个清晰的决定。所以一定要让自己头脑清晰，明白自己的目标是什么。

犹豫不决，或者在不同的事件中来回抉择，真的是浪费生命！

工作也要断舍离，做有意义的事，而不要被无意义的事缠绕。

浪费的时间是补不回来的，请一定要做好抉择！

PART 9

不断精进,让自己成为一个更优秀的人

优秀的人各有特长,但都有一个共同点,那就是不断精进。每天都在淘汰昨天的自己,每天都在打造更优秀的自己。

不断更新思维模式，你才会发现人生可以不重复

壹

有位朋友有阵子特别颓唐，就觉得自己特别倒霉，心情跌入谷底，无法振作。

一天她跟我视频聊天："你知道我今天多倒霉吗？上班路上差点被车撞，导致上班迟到。中午出门摔了一跤，还把衣服弄湿了。现在我居然大姨妈又来了！我的天，肚子快疼死了！"

她喋喋不休地和我说了很多自己的悲惨遭遇，不断地哀叹自己很惨。接着又说道，"刚刚领导还要我周末加班，简直了！还有本来约了人今晚吃火锅，结果她们都回去陪男朋友了，留下我一个单身狗……"

我安慰她道："你不要这么悲观，换个想法啊，你看你来例假又很累，这不是正好晚上可以回去休息吗？"

她对于我的安慰置若罔闻,继续抱怨:"我就觉得自己失败,居然一个朋友都没有。居然这么倒霉,我今天还特别化了妆出门的。"

我想了想只好说:"你不还有我吗?"

她苦笑道:"可是你在长沙,离我十万八千里远啊!"

我知道,我说什么都没有用,她已经陷入这种悲哀的思维之中。

贰

同一件事,不同的思维就是不同的人生。

有一个故事,说的是一个老太太有两个儿子,一个儿子卖草帽,一个儿子卖伞。结果老太太不论天晴还是下雨都忧虑其中的一个儿子卖不出去手中的商品。其实换一种思维,她本来可以不论什么天气都开心的,因为不论什么天气,她都有一个儿子的生意会很好。

而她偏偏选择了最难过、让自己最不好过的思维方式,就好像我的那个朋友一样,一头扎进痛苦里。

这种思维绝对不可取!为什么一件事发生,一定要陷入这样悲哀的思维呢?明明换个思维便可以活得开心点,更加乐观、积极向上，却偏偏要一头扎进死胡同！

——— 叁

生活中的不如意谁也逃不了，而对于注定发生的事，何不从好的一面去想呢？塞翁失马，焉知非福？

这一日维维由于出门晚了些，想要开车走另外一条近路赶时间，却不料由于不太熟悉路，反倒饶了远。等赶到公司的时候，迟到了三分钟。

维维只是笑嘻嘻地去人事部说了声："我今天迟到了，在公司门口迷路了。真是被自己给傻死了……哈哈哈。"

人事部的人不解地问："你迟到了有啥好笑的啊？"

维维很坦然地说："我虽然迟到了，可是我却又多认识了一条路。再说了，开车出门只要能安全到达目的地，我觉得就是完美的。迟到的话，下次一定注意提早出发，但是没必要为此而难过啊。"

也是同一天，维维递到某机构的资料又一次被打回来。而这个资料已经被打回来许多次了，每一次对方都提出四五点问题，而每一次的问题都不同。为此维维也是有点烦恼，不过更多的是释然。

去人事部拿外出单时，被问及又去某机构，人事部的负责人都有些无奈地摇了摇头。维维却很开朗地说："这有什么办法嘛，不过这个第一次的资料也是麻烦点，等以后就好了。我就有经验了，也不至于总是跑来跑去了。行啦，我走了，希望今天是好消息。"

其实维维也很担忧，如果通不过又需要再跑一趟。别的不说，时间确实有点浪费，但是维维并不想因此而让自己的心情不好，觉得相比于牢骚满腹不如开心面对。

维维刚刚进公司时，大家总是把搞卫生的活推给她。本来大家都以为维维会生气或是不乐意，但她很开心地接过，并且还会提前来，帮大家把水都打好。大家问维维："你不觉得我们欺负你？"

维维笑着说："怎么会？这样我有什么不懂的都好向你们询问啊，哈哈哈哈。"

其实人生就是一种心态，一种思维模式，什么样的思维决定了你拥有什么样的人生。

肆

思维模式与性格也是息息相关的，所以常说性格决定命运。每个人都会遇到许多不顺心的事，也会遇到烦恼低谷。

比如自己很郁闷的时候，却没有一个朋友能听自己倾诉，那份孤独感困扰于心。但是换个思维：朋友只是有自己的事在忙，甚至他可能此时此刻比你更艰难。

你若不觉得自己孤单,习惯进而喜欢享受一个人的时光,你的思想境界就会与众不同!

再或者,你遇到不顺心的事时,换个想法,想想自己失败的原因是什么,是因为粗心还是自己专业能力不够。去发现、总结问题,而不是一味地抱怨。这样,你的人生自然也就跟着变得不同。

从某个角度看,思维模式也是一种心理态度,也是一种性格表示,所以你需要不断地去发现生活中的美。这才是你应该有的生活态度!

——伍

人生不是一成不变的,而是随着你的一个个决定而改变着轨迹。而你的思维模式就决定着你的人生轨迹!

若是不能摆脱悲观思维,你很难不一步步滑向失败!

所以,生活再苦,命运再多舛,你也要对人生充满希望!不断地更新自己的思维模式,避免让自己掉进一种模式中坠入深渊!

学会规划人生,
每一步都不会白走

壹

小凯毕业五年了仍旧没有找到合适的路。

读书时,他成绩不错,还是拿过奖学金的人。可是毕业至今,看看他过去的同学,不爱学习整天研究象棋的,已经开了自己的象棋培训学校;不爱机械、选择了程序员工作的,也混得有声有色。而小凯却仍旧像个没头苍蝇一样,到处乱转。

毕业之初,他想要去深圳创业,于是向家里借钱,去办了一个专门为人做机械设计的公司。然而三个月后便觉得没法再继续,于是放弃,去找工作。

之后他一直在换工作,总觉得都不是自己想要的。一年前又开始琢磨投资,然后进入一家公司投了不少钱。结果却是,那家看着很有前景的公司居然是个骗子公司!负责人卷款跑了。从此,小凯欠下了高利贷，过上了更加混乱的人生。

一生太短，真的没有那么多时间去一条条路探索！如果不合适，及早离开，更不应该盲目地寻找不切实际的利益。

———— 贰

这是一个浮躁的社会，但是，人生没有规划，就等于乱窜。时间没了，青春不再，结果一事无成！

其实，我们每个人都会有很多喜欢的事，或者想做的事，但是我们不可能都做，必须要专注一项。这便是规划的重要性。

现在年轻人跳槽越来越勤，说要追求更高更远的发展，但是，更多的人，当初选择一个行业、一份工作、一个城市，每次跳槽只是率性而为，根本没有想过以后会如何。

这样其实也是给自己断了后路，变得很艰难。

———— 叁

阿美是一个很有规划的人，她给自己制定了蓝图，很明确自己要的是什么，也知道为了目的应该做什么。

她想要成为高级工程师，于是她的所有决定都围绕着这一目标。她买了许多专业书，并且十分详细地了解职业信息。

第一份工作是在一家大企业里当管培生，是为了方便了解基层，积攒更多的经验，也是为了第二份工作做准备。

同时，她不断考证，做资质鉴定，还考商务英语。

阿美知道女生在这一行比较难成功，所以进入大学她便开始为此努力，专业成绩拿奖学金，学校里有关科技知识的竞赛全部参加，还参加了全国性的大赛。阿美不断完善简历，让自己的履历看起来更有说服力。

在读书方面她也给自己做了很详细的规划，不断地充实自己的知识库，不让自己输给任何人。

读书的时候，连自己一天要完成的任务也都很清晰地列入清单。工作之后，每天的工作清单、计划清单都一清二楚，并且严格执行。

于是，短短五年内，阿美成为知名公司的工程师。高级工程师需要时间去认证，所以她仍然在这条路上有计划地进发。

肆

那些将自己人生规划得很详细的人，都是让人敬佩的。

其实规划人生，一方面是规划自己人生的方向，另一方面是规划好自己的每一步，不让自己做随意的决定以致耽误前程。

所以，我们要清楚地知道自己适合做什么，不能什么方向都去尝试。如果选择了写悬疑小说，觉得言情写不好，就不要在言情写作上依依不舍，否则最后竹篮打水一场空。

另外，在知道方向之后，一定要有一个规划，比如写悬疑小说,你要知道是写网文、出版,还是杂志投稿,再或者是发公众号。总不能只是一个想法,而全然没有方向,没有规划,那么将什么也不会收获。

———— 伍

我们的规划不要太长远,而要跟随着现实不断改进。如果一口气将10年的路都规划了,你觉得可靠吗?

人生不能没有规划,否则就好像下棋没有布局,一盘散沙!

给自己一个规划,也给自己一个轨迹!不要再漫无目的地神游,而将宝贵时间浪费!

持续学习，成为一个高段位的学习者

壹

山外有山，人外有人，不论如何你都不会是这个世界最强的那个人。这是你必须有的觉悟。可是有些人并没有！

皮皮毕业成绩还不错，一直觉得自己专业知识够硬。于是毕业进单位之后，并没有虚心请教，始终觉得自己知道的不少。

有一次，他与另外一个同事竞争一个项目。领导要两个人各出一个方案，看谁的好，就让谁当主要负责人。

另外一个同事和皮皮一起进来的，只不过一直虚心学习，回家还学习专业知识，并且不断练习绘图，还去车间学习线上装配技巧，以便发现问题。但是这些皮皮都没有做，相反，他下班便将工作丢到一边。

最终，皮皮的方案远不如同事的专业、周到、新颖。自然领导是将项目给了同事，而不是皮皮。为此，皮皮很是纳闷，还觉得领导不公平。

可是，真的是不公平吗？

____ 贰

学习真的是一个好习惯，不论什么职业，多学习绝对不会错！

只有无知的人才会认为自己懂的够多，知道的足够！而越是聪明的，越是有学问的，往往越觉得自己有诸多不足！

很多人一辈子都在学习，不断地充实自己，你有什么理由觉得自己知识足够丰富，能力足够强？

我父亲年过半百，可是像《史记》《资治通鉴》这样的书，他一直爱不释手。

所以我不知道为何会有人觉得自己已经足够优秀，优秀到不需要学习，优秀到觉得自己是百科全书。

____ 叁

在看《神秘博士》时，便不停地感慨博士的学问。他真的是行走的百科全书，上知天文下知地理。他活了那么多世，看遍宇宙的沉浮，可是只要闲着的时候，总是在读书。

虽然这是个影视作品，但是现实生活中真的不乏这样的人。

让优秀成为一种习惯

大学时候室友的叔叔,是个很爱读书的人。他曾经和我们坐在一起吃饭,聊天南地北,聊文学史,让你忘记他的职业是保险推销员。

他能讲古代诗词,能背莎士比亚,还可以讲严歌苓。当然不仅仅于此,他还能讲解金融知识等。

从他嘴里说出来的内容都是我所不知道的。

他还兼职卖书,所以家中满是书。室友带我们去她叔叔家,让我们挑一本自己喜欢的带走。我便发现,书架上许多书都被拆开,有翻阅的痕迹。我想定是她叔叔自己看过的。她叔叔卖书其实没挣什么钱,倒是全让自己给读了。

我还问过她叔叔:"叔叔你这么爱看书?工作不是很忙吗?这些书,应该也与你工作无关啊。"

他回答说:"卖保险是用不到,但是根本不影响看书啊。我还是觉得自己对世界了解得太少,想多了解一点。"

肆

世间有太多我们不知道的需要去学习探寻的事物。同样,不论在哪个领域,你都不可能一口吃成个胖子,一定要长年累月地学习积累。

为何招聘的人总是要求应聘者有相关工作经验?其实也很好

理解，工作经验也是一种学习经历，一个学习过程。所以说，学习真的是每个人非常重要的一件事。

要把学习当作一种习惯，无时无刻不把它放在心中。比如，当你路上看到一种现象，哪怕是两个人在争吵，也可以从中学习到一些生活经验。

再比如，就算是一本很无聊的书，你沉下心看进去，也不难得到一些启示。

伍

无知的人觉得学习没有什么用，而聪明的人知道只有学习才能不断使自己变优秀！

让学习成为你的一种无法舍弃的习惯，伴随你人生的每一步，从失败中学习教训，从书本中学习知识，从前人的经历中学习经验！

永远别觉得自己知道的够多，因为你永远不是那个最有学问的人，也永远不可能读懂这世间的一切！

保持学习，成为一个高段位的学习者！让自己变得更加优秀，学习不断，优秀不断！

有效行动，让努力看得到结果

壹

人生应当永不停步地前进，因为奋斗的路没有尽头。

每个人对自己的生活都有一个认知，也都有一个期望。

有位朋友便说道："我觉得现在已经很好了，保持住就挺好。"

"但是我们还可以精进一些啊！我觉得人生应该是没有终点的。你在工作上、生活上，不是都还有很多发展空间吗？"我问道。

朋友迟疑了一下说："但我觉得我的工作做得够好了，是同部门中数一数二的。至于生活，我现在觉得很满足。有必要追求更加完美吗？人这辈子也不可能真的完美的，不是吗？"

朋友说的虽说没啥问题，人是不能十全十美，但是，有空间，有能力，为何不让自己再进步完善呢？

——— 贰

就好像，你能坚持一个瑜伽动作20秒，但是你再多坚持10秒，持续逼自己，最后你会发现，你以为的底线根本不是底线。

为何你要觉得自己已经做到极限？你在部门数一数二，可是你在什么样的公司呢？

你觉得知足，自己很强，无非是你根本不知道山外有山！在你的眼里，你的世界就已经是全部。其实优秀从来没有一个终点，只有更优秀。

你能走到这一步，说明你有能力也很努力，但是为何不再努力一点，让自己更加闪闪发光？

前方有着无限的路可以走，有那么多没有踏足的土地，你怎么能安于现状、止步于此？

——— 叁

写文的时候认识一位姐姐，是个北漂。

她一个人在北京闯荡，偶尔也会有些孤独，便会和我聊聊天。后来有一阵子都没有和我联系，我通过微信问她："最近是在忙什么吗？"

她过了许久才回复："最近我可忙了！报了写作培训班，还办了健身卡。"

我真的替她高兴,发信息给她:"那太好了!"

她回复:"哎呀!今晚有培训班,刚刚在写作业。这会儿,写完了作业,我要去健身房跑步了,等会儿回来再和你聊。"

后来了解到,她报了个写作培训班,一周要上五六天的课,还有许多作业与考试。健身房每天她都会去,中午去跑半个小时,晚上下班又去跑。

她说,一段恋情失败之后,让她体会到了许多。于是她想要变得更加优秀,就全身心投入学习、健身之中。

"以前,我总是嘴上说要去健身,可是一直停在原地。现在想想也真的好笑。以前觉得自己足够优秀,现在发现,自己真的是弱爆了!"她回复。

她如此有斗志地向前冲,让我备受鼓舞。

如今,她的生活变得那么紧凑,再也不是之前那个动不动感慨人生的姑娘了。

——— 肆

人生有很多选择,消沉一辈子是一种,扬帆启航是一种。而我们都知道,第一种人就不要渴求成功,因为不付出就不会有成功。

你什么都做到了,已经很优秀,很厉害。于是你觉得这已经是结尾,是终点!但是我想说,只要你活着,你的人生就没有到达终点!

我们都知道,每天背一个单词,并且不断巩固,这样一年我们就会记住365个单词。每天平板支撑一分钟,半年之后,你就会拥有马甲线。为什么?

因为这是一种持续,一种坚持,也是一种追求前进的方式。不断地超越今天的自己,才能打造出一个前所未有的你!

把一件小事当成习惯,总会有收获的一天!你只需要行动起来,不要只是想,要做起来!告诉自己:"Just do it!"

____ 伍

你足够优秀了吗?你真的这么觉得吗?

只有无知的人会选择停步不前,而那些强大的人,却在每天不断地向前进发。

"莫道君行早,更有早行人",你永远不是那个最努力的人,自然也不会是最强的那个。

超越自己,去做另外一个更优秀的自己!

持续而精进地行动,让你的所有努力看到最好的效果!不要被眼前的形势迷惑,不要被那些小利益羁绊!

相信自己,光明的前程等着你去创造!

摆脱同质化，走出属于自己的进阶之路

━━ 壹

几个月前，一个认识的老哥忽然联系我，问我现在科幻网文市场怎么样。

我很纳闷，因为他不是个写手，而是国企里的一个市场部经理。在我看来，他与写作这件事毫无关系。平时的聊天他也不关心这些事，忽然问我有关事情，我很奇怪，问他："怎么会问到这个？"

他想了想说："我最近看了些网文，感觉看的人还蛮多的。所以，我也想试着写写，就来问问你。"

我一阵错愕，网文一直是被外人看来很简单，但是说实话并不怎么好写的，更何况是科幻类的网文，要求高，而收的网站又很少。他的想法没有任何实行的可能性。

于是我说:"网文没有表面上那么好过,更何况网文也不是人人都能写好,不是谁都能获得收入的。"

他少了一些兴趣,问:"没有收入?收入不高?我感觉写网文的收入都很高啊!"

我尽量让自己的语气听起来没有不耐烦:"科幻的市场不太好,而且网文的世界就是一个月挣几百的有,一个月挣几万的也有。但是没有谁一进去就能保证肯定能挣到钱。你如果是为了挣钱,真的不要想这件事。"

他一听没有钱,便说道:"那算了。"

这世间不是流行的就适合你,不是你看着有人写作挣钱,你就一定能挣钱!

____ 贰

当你打开爱奇艺想要看一个电视剧时,发现清一色都是霸总套路剧,你的感受是什么?

你一定会觉得,怎么都是一样的?而这个原因无非是因为大家都总是向着一个套路写,所以自然就没有新意。

你看到有人写网文挣了很多钱,于是也加入。这本身就是一个凑热闹的行为。你不是真的爱好写作,不是想要去描绘一个我们向往的世界,只是觉得这个挣钱。

但是你都不知道这究竟适不适合自己!

让优秀成为一种习惯

计算机流行的时候,全部去学计算机,最后导致供过于求。学了四年的计算机,却只能转行另一个行业从零做起。值得吗?浪费的时间又如何补回?

叁

大学有一个同学是学机械的,专业成绩很差,总是逃课。不知道他学习机械的初衷是什么,但是他很明显地表现出了对机械毫无兴趣。

但是他并没有和其他不学习的同学一样沉迷游戏,或是专心谈恋爱,而是专注于象棋。大一的时候便在外做兼职象棋老师,专门教小孩子下象棋。大二成为学校象棋协会的会长,渐渐有了口碑。

等到大三的时候,他已经开起了属于自己的象棋培训学校,还与几个当地的知名象棋老师一起举行了许多大型比赛。

当时在我的眼里,他有些不学无术。为何放着好好的大学不上,却办起了象棋培训学校?后来,我才发现,毕业后从事机械专业的同学,有的在公司干了两年也只是月薪3000元。而他的收入却让我们大家望尘莫及。表面看,他的大学读得很失败,因为机械知识几乎没学到。可是扪心自问,我们学了的也就那么回事,如今也早就忘了。

他走这条路,在当时我们学校中属于第一人。他真的是在平凡的我们中脱颖而出的那个人，完全摆脱了同质化，走出一条属于自己的路。

——— 肆

我们要端正心态，不要随着别人的路去走，要寻找自己的路，找到自己的方向。

不是你看到很有前景的方向就一定是对的，因为你没有任何突出的地方。就好像我的同学，他是第一个大学生办象棋培训学校的人，所以他是人生赢家。但是如果我也去办一个，我会成为什么？会成为人生的输家！

要找到自己的方向，不要看到别人获利，便也重复别人的路。这不是追求，而是盲目跟风！

——— 伍

你只有让自己有新颖点，有可以与人区分的本事，才能不被淹没在茫茫人海中。

摆脱同质化，走出属于你自己的进阶之路！不要再被流行吸引，打造一方专属于你的天地！

不要跟风，不要幻想复制别人的成功，要让自己有亮点，成为一颗闪光的星辰！

打造个人品牌，在时代的风口上顺势而为

壹

认识一个朋友，最让人无法忍受的一点，就是没有办法守时。我们都知道，一个人的品质在守时与否这件事上就能体现一二。

有一次，与她约定十一点在黄兴路地铁口见面。我从望城到黄兴路，需要先坐公交再转地铁，至少需要一个小时。而她就住在五一广场附近。但是我到了，她告诉我她还在家的楼下等公交。

如果只有一次，就下结论说她不守时自然是有点武断。但是她却不止一次，几乎每次约时间，都是这样。每次我到了地点，她才出发。

不得不说，这样不守时的人，真的没有办法给人一个好印象。

———— 贰

有的人总是不在意一次的迟到，或是一次的毁约，总是解释强调自己是个守时的人，如何如何尽职。这没有任何意义，因为行动代表了一切。

所以不要觉得自己平时的一些行为不重要，你无时无刻不是在给自己树立一个形象。不论是什么样的形象，都是代表你的一个品牌。

———— 叁

小秋是个特别自律的人，认识她的人都知道，她真的是做到了严于律己、宽以待人。

她无时无刻不在努力，大家都看在眼里。

有一次，大家下班后相约去玩，小秋虽然也想去，但是最终还是退出了。她说："我的工作还没有做完，我必须按时完成。另外我晚上七点半还有瑜伽课，所以不好意思，我不能跟你们去了。"

小秋坚定地要完成自己的工作，并且为保证瑜伽课不迟到而放弃了跟同事去玩耍，这就是她个人品牌的体现。

小斌是一个应届毕业生，在找工作时，可以说是历经磨难。因为毕业生实在太多，求职简历实在太多，简历不出彩的，很快就被忽略掉。

后来，小斌在写简历的时候，没有像大家一样写自己勤奋什么的客套话，而是用了一种抒情的叙述方式，讲了一个小故事推销自己。这一下子就让他的简历脱颖而出，为他赢得了珍贵的面试机会。

___ 肆

不要不在意小细节，越小的事越能体现一个人的素养。就好像我们都熟知的那个小故事，面试官扔下一团废纸考察应聘者，应聘者的反应就决定了他们的去留。

所以我们一定要注意言行细节，记住：细节决定成败。

___ 伍

鹤立鸡群很难，因为首先你要是白鹤才行！所以一定要在平时的生活中给自己树立种种约束，让自己在众人眼中有一个好形象。

打造个人品牌，在时代的风口上顺势而为！

个人形象成就个人品牌，你希望大家对你刮目相看，便要展示给外界一个夺目亮眼的形象！